Carina Heer

# Unnützes Wissen Literatur

**riva**

**Bibliografische Information der Deutschen Nationalbibliothek**
Die Deutsche Nationalbibliothek verzeichnet diese Publikation in der Deutschen Nationalbibliografie.
Detaillierte bibliografische Daten sind im Internet über http://d-nb.de abrufbar.

**Für Fragen und Anregungen**
info@rivaverlag.de

**Wichtiger Hinweis**
Ausschließlich zum Zweck der besseren Lesbarkeit wurde auf eine genderspezifische Schreibweise sowie eine Mehrfachbezeichnung verzichtet. Alle personenbezogenen Bezeichnungen sind somit geschlechtsneutral zu verstehen.

Originalausgabe
1. Auflage 2021
© 2021 by riva Verlag, ein Imprint der Münchner Verlagsgruppe GmbH
Türkenstraße 89
80799 München
Tel.: 089 651285-0
Fax: 089 652096

Redaktion: Desirée Šimeg
Umschlaggestaltung: Isabella Dorsch
Umschlagabbildung: Shutterstock.com/magic pictures
Abbildungen Innenteil: shutterstock.com/HowLettery, Elala, Artur Balytskyi, nikiteev_konstantin, ArtMari, Visual Generation, KiraDesign, nadiia_oborska, Elegant Solution, Roman Bykhalov, Janna Mudrak, Egor Shilov, Vectorgoods studio, BigMouse, Elena Pimonova, Egor Shilov
Layout und Satz: Satzwerk Huber, Germering
Druck: CPI books GmbH, Leck
Printed in Germany

ISBN Print 978-3-7423-1654-7
ISBN E-Book (PDF) 978-3-7453-1350-5
ISBN E-Book (EPUB, Mobi) 978-3-7453-1351-2

Wir produzieren nachhaltig
www.m-vg.de

*Weitere Informationen zum Verlag finden Sie unter*

# www.rivaverlag.de

Beachten Sie auch unsere weiteren Verlage unter www.m-vg.de

# ~~Unnützes Wissen~~
## Nützliches Wissen!

Bevor es losgeht mit einer Fülle von Fakten rund um das Thema Literatur und Lesen, möchte ich mich dafür entschuldigen, dass der Titel dieses Buchs so schrecklich irreführend ist. Schließlich weiß doch jeder, der Bücher liebt, dass es kein unnützes Wissen zu diesem Thema gibt!

Natürlich kann dir Scarlett O'Hara nicht helfen, einen Autoreifen zu wechseln, der junge Werther hat von Steuererklärungen keine Ahnung und vor einer modernen Mikrowelle würde Paul Fleming vermutlich schier verzweifeln. Doch niemand, der mit Scarlett oder Werther gelitten hat, geht weiterhin als derselbe Mensch durch die Welt. Kaum einer, der Flemings fast 400 Jahre altes Sonett *An sich* gelesen hat, kommt darum herum, sein Leben und sich selbst mit ganz neuen Augen zu betrachten.

In diesem Buch erwartet dich daher nicht im eigentlichen Sinne praktisches, aber dafür umso nützlicheres Wissen – wenn auch nicht unbedingt streng wissenschaftlich aufbereitet.

Denn obwohl ich mich an mancher Stelle von der Vorgabe »Fakten« losgelöst und fast schon kleine Abhandlungen geschrieben habe, liegt es in der Natur der Form, dass ich manche Fragen der Wissenschaft in diesem Buch nicht diskutieren kann. Ist »Dû bist mîn, ich bin dîn./des solt dû gewis sîn« nun ein Lied oder Gedicht? Diese Frage überlassen wir lieber den Studierenden und Professoren – wir haben jetzt vor allem eines: ein bisschen Spaß!

Carina Heer
Im Frühjahr 2021

Frankenstein aus Mary Shelleys gleichnamigem Roman ist nicht etwa der Name des Monsters, sondern der des größenwahnsinnigen Wissenschaftlers Viktor Frankenstein, der das Monster zum Leben erweckt.

Goethe schrieb Hochdeutsch, sprach aber Hessisch. Stellte er sich selbst vor, war er deshalb nicht »Goethe«, sondern »Gede«.

*Harry Potter*-Schöpferin J. K. Rowling entschied sich, ihre weiblichen Vornamen für ihre Publikationen abzukürzen und so ihr Geschlecht zu verbergen, weil sie sich davon einen größeren Erfolg beim Publikum versprach.

Unter dem Pseudonym Danielle Brown veröffentlichte *Sakrileg*-Autor Dan Brown 1995 das Buch: *187 Men to Avoid: A Survival Guide for the Romantically Frustrated Woman.*

Auf die Frage eines Journalisten, was für ihn dem Glück am nächsten komme, antwortete die Musiklegende David Bowie: »Lesen!«

Auf Indonesisch heißt Pippi Langstrumpf Pippi Si Kaus Pan-
jang.

Auf Platz 23 der von der Pariser Tageszeitung *Le Monde* erstellten Liste »Die 100 Bücher des Jahrhunderts« steht ein
Comic: *Asterix der Gallier.*

Im Alter von zwölf Jahren stahl der französische Existentialist
Jean-Paul Sartre Geld aus der Haushaltskasse. Er wollte sich
mit Naschereien bei seinen Schulfreunden einschmeicheln.

Alexander Puschkins 1833 veröffentlichtes Meisterwerk *Eu-
gen Onegin* trägt die Gattungsbezeichnung Roman in Versen.

Anlässlich der Veröffentlichung von Jane Austens *Emma* im
Jahr 1815 verfasste der schottische Dichter Walter Scott voll
des Lobes einen vierseitigen Essay über das Buch.

Heute schon ein Buch gekauft? Bücher kann man ja nie genug haben – und am 7. September ist der Kauf-ein-Buch-Tag.

*Vorhang*, Hercule Poirots letzten Fall, in dem der belgische Privatdetektiv stirbt, hielt die britische Krimiautorin Agatha Christie bis kurz vor ihrem eigenen Tod zurück. Sie gab ihn erst zur Veröffentlichung frei, als klar war, dass sie keine weiteren Romane mehr würde schreiben können.

*Jane Eyre*-Schöpferin Charlotte Brontë war eine der ersten Frauen, die nach ihrem Tod mit einer Biografie geehrt wurden. Verfasst wurde diese von ihrer Freundin Elizabeth Gaskell.

Der amerikanische Autor Mark Twain begann 1857 mit der Ausbildung zum Lotsen auf einem Mississippidampfer und war bis 1861 als solcher tätig.

*Vom Winde verweht* beginnt mit den vielversprechenden Worten: »Scarlett O'Hara war nicht eigentlich schön zu nennen.«

Am 9. September 1913 versuchte die britische Schriftstellerin Virginia Woolf zum ersten Mal, sich das Leben zu nehmen – mit Schlaftabletten. Ob ihre lebenslange labile psychische Verfassung auf einen sexuellen Missbrauch in der Kindheit, eine Familiendisposition oder andere Gründe zurückgeht, ist nicht letztgültig geklärt.

In *Die Geschichte vom Gouverneur des Südbezirks*, einer chinesischen Novelle aus der Tang-Dynastie (618 bis 907 n. Chr.), entdeckt ein Mann ein Volk in einem Ameisenhaufen, heiratet die Prinzessin und wird dort Gouverneur.

Bei einer Umfrage der BBC unter 82 nicht-britischen Literaturkritikern und -wissenschaftlern landete *Middlemarch* von George Elliot auf Platz 1 der 100 bedeutendsten britischen Romane.

Zum 500. Geburtstag des italienischen Dichters und Philosophen Dante Alighieri wurde anno 1965 eine 500-Lire-Gedenkmünze mit dessen Porträt herausgegeben.

Die mit zahlreichen Preisen ausgezeichnete Autorin Karen Duve arbeitete 13 Jahre lang als Taxifahrerin.

Das Programm, mit dem Kleinkünstler und *Die-Känguru-Chroniken*-Autor Marc-Uwe Kling von 2005 bis 2008 auf Tour war, hieß: »Wenn alle Stricke reißen, kann man sich nicht mal mehr aufhängen.« Wie wahr …

Die britische Autorin Jojo Moyes (*Ein ganzes halbes Jahr*) heißt mit vollständigem Namen Pauline Sara Jo Moyes.

Hartmann von Aue, ein wichtiger Vertreter des deutschsprachigen höfischen Romans, konnte – aufgepasst! – lesen *und* schreiben. Ja, das war um 1200 etwas ganz Besonderes.

Hinter dem Begriff »Pinselnotizen« verbirgt sich eine eigene Gattung der chinesischen Literatur. Gemeint sind damit vor allem kurze Gedanken, Aufzeichnungen und Notizen.

*Gadji beri bimba* ist ein Lautgedicht des Dadaisten Hugo Ball. Wichtig: Obwohl es nur aus Lauten besteht, ist es kein Unsinnsgedicht.

Die Charta des Autorenverbands PEN International beginnt mit der Feststellung, dass Literatur keine Grenzen kennt.

Nach dem Erscheinen von Goethes *Die Leiden des jungen Werther* bildete sich eine regelrechte Werther-Mode heraus: blauer Gehrock, gelbe Hosen, braune Stiefel. Außerdem fand der Selbstmörder zahlreiche Nachahmer.

Herrlich, wenn es für die eigene Art zu schreiben sogar ein Wort gibt – im Fall von Franz Kafka: »kafkaesk«. Die Duden-Definition: »auf unergründliche Weise bedrohlich«.

Hätte es das Wort »kafkaesk« im Jahr 1905 schon gegeben, hätte man wohl Hugo von Hofmannsthals Erzählung *Das Märchen der 672. Nacht* damit bezeichnen müssen. Die Erzählung, die weniger Märchen als vielmehr Albtraum ist, ist geprägt von einem bedrückenden Gefühl der Hilf- und Orientierungslosigkeit. Am Ende wird der »Held« von einem Pferd tödlich verwundet.

Schauerautor Edgar Allan Poe war mit seiner Cousine verheiratet. Sie war bei der Hochzeit gerade einmal 13 Jahre – Poe doppelt so alt.

Der norwegische Autor Karl Ove Knausgård betreibt einen Verlag, in dem unter anderem die norwegischen Übersetzungen einiger Christian-Kracht-Bücher erschienen sind.

Erich Kästners *Sachliche Romanze*, ein Gedicht von 1928, endet mit den Worten: »Sie saßen allein, und sie sprachen kein Wort/und konnten es einfach nicht fassen.«

Die französische Schriftstellerin George Sand hieß eigentlich Amantine Aurore Lucile Dupin de Francueil. Wohl zu lang für manches Cover.

Auf der BBC-Liste der 100 bedeutendsten britischen Romane tauchen am häufigsten die Namen Jane Austen, Charles Dickens und Virginia Woolf auf.

Im Roman *Neununddreißigneunzig* des französischen Skandalautors Frédéric Beigbeder stellt der Ich-Erzähler, der wie Beigbeder in der Werbebranche tätig ist, fest, dass Werbung nach den Prinzipien nationalistischer Propaganda funktioniert.

*Paradise Lost* – so hieß nicht nur das Urlaubsparadies in Luc Bessons *Das fünfte Element,* sondern auch das epische Gedicht des englischen Dichters und politischen Denkers John Milton. In dem 1667 veröffentlichten Text wird der Sündenfall neu beschrieben und gleichzeitig auf die unerträgliche Situation im England des 17. Jahrhunderts angespielt.

Elia Kazans Verfilmung des Steinbeck-Romas *Jenseits von Eden* mit James Dean in einer der Hauptrollen bezieht sich nur auf den zweiten Teil der Buchvorlage.

Der Autor von *Er ist wieder da,* Timur Vermes, ist in Nürnberg geboren, besuchte in Fürth das Gymnasium und studierte in Erlangen. Es lebe die Metropolregion Nürnberg! Hans Magnus Enzensberger stammt übrigens auch aus Nürnberg. Heute lebt er jedoch in München-Schwabing.

Der russische Schriftsteller Leo Tolstoi hatte 13 Kinder – und zwar mit der deutschstämmigen Sofja Andrejewna Behrs. Bei ihrer Heirat war Sofja 18 Jahre alt.

In Georg Büchners unvollendetem Drama *Woyzeck* erzählt die Großmutter ein sterntalerähnliches Märchen, bei dem ein Mädchen hilflos durch die Welt irrt. Die Erzählung endet mit den Worten: »Und [es] war ganz allein und da hat sich's hingesetzt und geweint und da sitzt es noch und ist ganz allein.«

Der Nachname des deutsch-jüdischen Dichters Paul Celan ist ein Anagramm von Ancel, der »rumänisierten« Version seines ursprünglichen Namens Antschel.

Alexander Puschkin legte den Grundstein für die moderne Dichtung auf Russisch. Passenderweise ist sein Geburtstag der 6. Juni, der Tag der russischen Sprache.

*Die Elenden* von Victor Hugo aus dem Jahr 1862 wurde über 50 Mal verfilmt. Man kennt den Roman auch unter *Les Misérables*.

Wer will am Valentinstag schon Rosen, wenn er Bücher haben kann? Der 14. Februar ist nämlich auch der internationale Verschenk-ein-Buch-Tag.

Bei Schillers Obduktion fanden die Mediziner eine »faule« Lunge, ein Herz »mit vielen Runzeln« und verwachsene Därme.

Anfang der 1770er Jahre machte sich Goethe als Anwalt selbstständig. Wirklich mit Schwung dabei war er jedoch nicht. Stattdessen widmete er sich der Dichtung und verfasste den *Götz von Berlichingen*.

Im Jahr 2000 verfilmte die französische Autorin Virginie Despentes ihren eigenen Roman *Baise-moi – Fick mich*, ihr höchst erfolgreiches Debüt über Hass und Sex aus dem Jahr 1994.

Der österreichische Schriftsteller Stefan Zweig liegt im brasilianischen Petrópolis auf dem Cemitério Municipal begraben.

George Orwell stellte den Roman *1984* im Jahr 1948 fertig – die verdrehte Jahreszahl im Titel sollte zum Ausdruck bringen, dass diese Zukunft, die so weit weg schien, doch eng mit der Gegenwart verbunden war.

Die letzten Worte des walisischen Dichters Dylan Thomas lauteten angeblich: »Ich hatte 18 volle Whisky; ich denke, das ist Rekord.«

Einen Kanon singt man nicht nur, man kann ihn auch zusammenstellen – und zwar als eine Auswahl an besonders herausgehobenen literarischen Werken.

Im Teenager-Alter verliebte sich Edgar Allen Poe in die Mutter eines Schulkameraden. Er war gerade einmal 14, sie 30 Jahre alt.

Die Treffen der Gruppe 47, zu denen der Schriftsteller und Netzwerker Hans Werner Richter einlud, fanden von 1947 bis 1967 statt – das letzte Mal in der Pulvermühle im oberfränkischen Waischenfeld.

Das frühmittelalterliche, angelsächsische Heldengedicht *Beowulf* entstand im 8. Jahrhundert und spielt um 600 n. Chr. – allerdings nicht in England, sondern in Dänemark und Schweden. Es wurde nur in einer einzigen Handschrift überliefert.

Der Lieblingstreffpunkt der Hauptvertreter des Jungen Wien war das Café Griensteidl im Stadtzentrum Wiens.

Charlotte Brontë verfasste *Jane Eyre* – heute einer *der* Klassiker der viktorianischen Romanliteratur des 19. Jahrhunderts – innerhalb weniger Wochen. Das Werk hat aber über 600 Seiten!

In Nathaniel Hawthornes 1850 erschienenem Roman *Der scharlachrote Buchstabe* wird nie ausgesprochen, wofür der rote Buchstabe A, den die Ehebrecherin Hester Prynne auf der Brust tragen muss, überhaupt steht.

*Und dann gabs keines mehr*, der 26. Kriminalroman von Agatha Christie, erschien ursprünglich unter dem Titel *Ten little niggers* und wurde im Deutschen zwischenzeitlich tatsächlich auch mit *Zehn kleine Negerlein* übersetzt.

»Gottschedin« – so lautete der Spitzname von Luise Adelgunde Victorie Gottsched, der Ehefrau des bekannten Schriftstellers, Poetikers und Sprachforschers Johann Christoph Gottsched, der ohne seine »geschickte Freundin«, die an seinem Werk fleißig mitschrieb, wohl ziemlich alt ausgesehen hätte. Doch die Gottschedin schrieb auch allein. Von ihr stammt die Satire *Die Pietisterey im Fischbein-Rocke* von 1736. Immer einer Meinung waren die beiden übrigens nicht – so konnte die Gottschedin seine Pauschalverurteilung nicht regelgeleiteter Literatur so gar nicht teilen.

Kurt Tucholsky verwendete unter anderem die Pseudonyme Peter Panter, Theobald Tiger und Ignaz Wrobel.

Als Arthur Conan Doyle 1893 beschloss, den Meisterdetektiv Sherlock Holmes sterben zu lassen, trugen in zahlreichen Städten Menschen Trauerbinden, um den Tod ihres Helden zu beweinen.

Der französische Autor Honoré de Balzac trank angeblich bis zu 50 Tassen Kaffee – täglich! Dazu trug er beim Schreiben eine weiße Mönchskutte. Komischer Vogel …

Ein früher Vogel war Astrid Lindgren. Sie schrieb am liebsten gleich nach dem Aufstehen – und zwar im Bett.

*Ready Player One*-Autor Ernest Cline ist *Zurück in die Zukunft*-Fan und stolzer Besitzer eines DeLorean DMC-12 Baujahr 1982.

Der Geburtsname der deutschen Autorin und Präsidentin des Schriftstellerverbandes der DDR Anna Seghers lautet Netti Reiling.

Als »Prinz Jussuf von Theben« und der »Blaue Reiter« korrespondierten die Autorin Else Lasker-Schüler und der Maler Franz Marc miteinander. Die Briefe und Karten sind eine faszinierende Verbindung von Schrift und Bild.

Bestseller-Autorin Stephenie Meyer kam die Idee zu ihrer *Twilight*-Serie im Traum. Dort sah sie einen Vampir und ein Mädchen auf einer Lichtung stehen und über die Probleme einer Liebe zwischen den beiden diskutieren.

Im Schnitt geben die Deutschen etwa 117 Euro pro Kopf und Jahr für Bücher aus. In Hamburg sind es sogar über 130 Euro.

Spoiler-Alarm! *Die Herrin von Wildfell Hall* in Anne Brontës Roman von 1848 ist Helen Graham, eine junge Witwe, die dann doch keine Witwe ist, sondern eine Frau, die ihren trinkenden und spielenden Mann verlassen hat, um fern von ihm Ruhe zu finden – in einer Zeit, in der es Frauen verboten war, die Scheidung einzureichen.

Das berühmte Café de Flore im Quartier Saint-Germain-des-Prés, in dem sich Geistesgrößen wie Simone de Beauvoir, Jean-Paul Sartre oder Guillaume Apollinaire regelmäßig trafen (Karl Lagerfeld war später übrigens auch oft dort zu Gast), vergibt heute einen Literaturpreis für vielversprechende junge Autoren, den »Prix de Flore«. 1996 war das zum Beispiel Michel Houellebecq.

Zum Dreigestirn der großen französischen Realisten gehören Stendhal, Gustave Flaubert und Honoré de Balzac.

Staubst du beim Saubermachen auch nur allenfalls die Oberkanten deiner meterlangen Buchreihen ab? Richtig gründlich reinigen kannst du deine Schätze dann ja mal am 20. Februar, dem Putze-Dein-Bücherregal-Tag.

Das *Nibelungenlied* beginnt mit den Worten: »Uns ist in alten mæren wunders vil geseitvon helden lobebæren, von grôzer arebeit«.

Die in den 1990er Jahren gegründete Band Rock Bottom Remainders besteht aus Schriftstellern, Drehbuchautoren und Journalisten. Zu ihren Mitgliedern gehören unter anderem

Stephen King (Frontmann und E-Gitarre) und *Simpsons*-Erfinder Matt Groening (Backgroundsänger).

Ein Teil der Holzschnitte in Sebastian Brands Moralsatire *Das Narrenschiff* aus dem Jahr 1494 stammt vermutlich von Albrecht Dürer.

Der »Idiot« aus Fjodor Dostojewskis gleichnamigem Roman von 1869, Fürst Lew Myschkin, ist nicht eigentlich dumm, sondern zeichnet sich durch kindlich-naive Verhaltensmuster aus und ist daher eher ein Sonderling.

Der Dicht-Profi Theodor Fontane schrieb über 250 Gedichte, darunter auch die Ballade *John Maynard* von 1886, über den Steuermann eines Passagierschiffs auf dem Eriesee, der bei einem Brand sein Leben für die restlichen Passagiere opfert: »Das Schiff geborsten. Das Feuer verschwelt./Gerettet alle. Nur einer fehlt!«

Nach ihrer Flucht vor den Nazis nach Schweden arbeitete die spätere Nobelpreisträgerin Nelly Sachs zeitweise als Wäscherin.

Die Beschreibung eines herannahenden und vorbeifahrenden Zugs in Gerhart Hauptmanns *Bahnwärter Thiel* von 1887 wird gemeinhin als Orgasmusdarstellung interpretiert.

Der Gelehrte Erasmus von Rotterdam schrieb nicht nur auf Lateinisch – er sprach auch Latein.

Die chinesische Literatur kennt vier klassische Romane: *Die Geschichte der Drei Reiche, Die Räuber vom Liang-Schan-Moor, Die Reise nach Westen* und *Der Traum der Roten Kammer. Jin Ping Mei* – ein chinesischer Roman aus dem 16. Jahrhundert mit erotischen/pornografischen Passagen gilt halboffiziell als der fünfte klassische Roman.

Als Jude verließ Alexander Döblin 1933 Deutschland und emigrierte nach Zwischenstationen in der Schweiz und Frankreich über Lissabon in die USA. Er war einer der Ersten, die wieder nach Deutschland zurückkehrten – um dann 1953 nach Frankreich überzusiedeln.

Der französische Essayist und Philosoph Voltaire hieß eigentlich François-Marie Arouet und verwendete um die 160 verschiedene Pseudonyme.

In Key West, Florida, findet alljährlich der Ernest Hemingway Look-Alike Contest statt.

Wieder ging alles in einer Art Café los. Diesmal im Zürcher Cabaret Voltaire im Obergeschoss der Spiegelgasse 1. Und was wurde diesmal aus der Wiege gehoben? Der Dadaismus!

In seinen *Metamorphosen*, entstanden vermutlich in den ersten Jahren der christlichen Zeitrechnung, beschreibt der römische Dichter Publius Ovidius Naso aka Ovid Geschichten über Verwandlungen von den Anfängen der Welt bis zu seiner Gegenwart.

Die gleichnamige Hauptfigur des 1928 erschienenen Romans *Orlando* von Virginia Woolf wechselt im Laufe des Buchs nach einem mehrtägigen Schlaf ihr Geschlecht.

Einer BBC-Umfrage zufolge ist *Der Herr der Ringe* das beliebteste Buch im Königreich.

In Philip K. Dicks Buch *Das Orakel vom Berge* aus dem Jahr 1962, in dem es darum geht, dass Japan und die Nazis den

Zweiten Weltkrieg gewonnen haben, taucht ein Buch auf, in dem es darum geht, dass Japan und die Nazis den Zweiten Weltkrieg verloren haben.

Das US-Drama *Hinter dem Horizont* von 1998 mit Robin Williams ist eine sehr freie Filmadaption von Dante Alighieris *Göttlicher Komödie*. Darin zum Beispiel zu sehen: die Reise über den Totenfluss.

Der Buchdrucker Johannes Gutenberg hatte das Know-how, Johannes Fust, eigentlich »Fürsprech«, also Anwalt, das Geld. Er finanzierte den Druck der ersten *Gutenberg-Bibeln*.

Günter Grass wurde 1999 mit dem Literaturnobelpreis für sein Lebenswerk ausgezeichnet, weil er »in munterschwarzen Fabeln das vergessene Gesicht der Geschichte gezeichnet hat«.

Marlon Brando spielte nicht nur in der Verfilmung von *Endstation Sehnsucht* von Tennessee Williams die Hauptrolle, sondern auch in der Uraufführung des Stücks in New York am 3. Dezember 1947.

Im mittelhochdeutschen Versroman *Herzog Ernst* (vermutlich von 1180) hat der gleichnamige Held so einige Abenteuer zu bestehen. Unter anderem kämpft er gegen Plattfüße, Riesen und bedrohliche Kraniche.

Der Liedermacher und Lyriker Wolf Biermann siedelte 1953 in die DDR um und wurde dort zu einem derartigen Kritiker des Systems, dass er 1965 mit einem Auftritts- und Publikationsverbot belegt wurde.

Der Bericht des römischen Feldherrn Gaius Iulius Caesar über den gallischen Krieg im 6. Jahrhundert vor Christus beginnt mit den Worten: »Gallia est omnis divisa in partes tres.«

Der Vater der Psychoanalyse, Sigmund Freud, war total begeistert von Fjodor Dostojewskis *Die Brüder Karamasow* – 1928 arbeitete er sogar in dem Essay *Dostojewski und die Vatertötung* die ödipale Problematik des Romans heraus.

Das Buch *American Psycho* von Bret Easton Ellis war in der zweiten Hälfte der 1990er Jahre in Deutschland nicht frei verkäuflich, nachdem es von der damaligen Bundesprüfstelle für jugendgefährdende Schriften indiziert worden war.

Der Philosoph, Schriftsteller und literarische Avantgardist Salomo Friedlaender verwendete das Pseudonym Mynona, ein Anagramm von »Anonym«.

Am 26. August 1921 starb der bayerische Schriftsteller Ludwig Thoma an Magenkrebs – noch am 6. August hatte er sich einer Magenoperation unterzogen.

Von wegen vertraulich! Für seine Romane kramte F. Scott Fitzgerald, Chronist der »Roaring Twenties«, fleißig in den Tagebüchern seiner Frau Zelda und verwendete ganze Passagen daraus.

Ob sie sich noch etwas wünsche, wurde Jane Austen von ihrer Schwester auf dem Sterbebett gefragt. »Nichts als den Tod«, antwortete sie.

Die Heldin der 1879 verfassten gleichnamigen Novelle von Guy de Maupassant trägt den Spitznamen »Boule de suif« – zu Deutsch »Fettklößchen«. Wie nett …

Im Zuge des Bitterfelder Weges leitete die spätere Büchner-Preisträgerin Christa Wolf Anfang der 1960er Jahre einen »Zirkel Schreibender Arbeiter«.

In ihrem Roman *Flugasche* beschäftigt sich Monika Maron unter anderem mit der Umweltverschmutzung in der DDR. Der Roman erschien 1981 bei S. Fischer, einem westdeutschen Verlag.

Am 9. Februar ist der In-der-Badewanne-lesen-Tag – aber mal ehrlich: In der Badewanne lesen sollte man doch eigentlich *immer*, nicht nur an einem bestimmten Tag!

Ganz schön morbide: Über mehrere Monate ruhte Schillers Totenschädel als »heilige Reliquie« auf einem Kissen aus blauem Samt auf Goethes Schreibtisch.

Episches Theater – so nennt sich eine von Bertolt Brecht begründete Theaterform, bei der dramatische und epische Elemente vereint werden.

Der erste deutsche Träger des Nobelpreises für Literatur 1902 war Historiker: Theodor Mommsen. Der zweite war streng genommen Philosoph: Rudolf Eucken. Er erhielt den Preis 1908. Der dritte Preisträger war dann 1910 endlich ein »richtiger« Literat: Paul Heyse, der immerhin um die 180 Novellen, acht Romane und 68 Dramen verfasst hat. 1912 folgte Gerhart Hauptmann (ja, das war der mit dem Orgasmus). Dann dauerte es 17 lange Jahre, bis wieder ein Deutscher mit dem Literatur-Nobelpreis ausgezeichnet wurde. Ebenso lang war die Durststrecke zwischen Thomas Mann (1929) und Hermann Hesse (1946); länger noch die zwischen Hesse und Nelly Sachs (1966). Am längsten gedulden mussten sich die Deutschen jedoch zwischen Heinrich Böll und Günter Grass: ganze 27 Jahre, von 1972 bis 1999.

Die Antwort auf die Frage »nach dem Leben, dem Universum und dem ganzen Rest« lautet: 42. Nachzulesen in Douglas Adams' Kultbuch *Per Anhalter durch die Galaxis*. Der Computer, der diese Antwort ausgerechnet hat, heißt übrigens Deep Thought – nicht zu verwechseln mit *Deep Throat*. Das ist der Titel eines Siebzigerjahre-Pornofilms und so lautete auch der Deckname des Watergate-Whistleblowers.

Gleich vier Sonderbriefmarken brachte die österreichische Post zu Ehren von Nationaldichter Franz Grillparzer heraus – und zwar 1931, 1947, 1972 und 1991. Wäre mal wieder an der Zeit …

Ein »unreiner Reim« ist ein Reim, der nicht hundertprozentig passt. Ein Beispiel: »Was wünschen sich fast alle Leute?/ Ein tolles Leben voller Freude.«

Ein »historischer Reim« ist ein Reim, der zur Zeit der Entstehung zwar rein war, aber in der Gegenwart unrein ist, etwa weil Jahrhunderte später Wörter anders ausgesprochen werden. Bei Shakespeare gibt es zum Beispiel am Ende seines *Sonnet 116* den Reim »proved/loved«. Das hat früher, als »loved« noch »luved« ausgesprochen wurde, noch funktioniert, heute allerdings nicht mehr.

Irina Korschunow, Autorin des berührenden Jugendbuchs *Er hieß Jan* aus dem Jahr 1979, wurde am Silvesterabend 1925 geboren.

Eine Polyglotte ist nicht nur eine Frau, die mehrere Sprachen spricht, sondern auch eine Buchform – nämlich ein Werk, in dem derselbe Text in mehreren Sprachen, häufig in mehreren Spalten direkt nebeneinander, abgedruckt ist.

In seinem 1509 verfassten *Lob der Torheit* lässt Erasmus von Rotterdam die personifizierte Torheit ans Pult treten und eine Lobrede auf ihre »Tugenden« halten. Das Werk ist auf Latein abgefasst, es ist erst 1534 auf Deutsch erschienen.

Die erste tschechische Ausgabe von Milan Kunderas *Die unerträgliche Leichtigkeit des Seins* erschien 1985 in Kanada.

1897 schrieben die Brüder Thomas und Heinrich Mann gemeinsam ein *Bilderbuch für artige Kinder* – ein Unikat, das sie ihrer Schwester Clara anlässlich ihrer Konfirmation schenkten.

Goethes *Die Leiden des jungen Werther* geht auf seine Bekanntschaft mit Charlotte Buff zurück, die er in seiner Zeit in Wetzlar kennenlernte.

Als Bewusstseinsstrom bezeichnet man eine literarische Technik, bei der alles, was den Protagonisten durch den Kopf geht, zu Papier gebracht wird – manchmal sogar ohne rechte Zeichensetzung, weil ja im Kopf sowieso alles einfach dahinplätschert. Ein ganz hervorragendes Beispiel dafür ist der *Leutnant Gustl* des Wiener Schriftstellers Arthur Schnitzler aus dem Jahr 1900, wobei manche sagen, dabei handle es sich »nur« um einen inneren Monolog. Gustl steigert sich übrigens derart in eine vermeintliche Beleidigung hinein, dass es ihm unausweichlich scheint, Selbstmord zu begehen. Nur ein Zufall rettet ihn. Weil das arg militärliebende Wien mit diesem Text so gar nicht klarkam, wurde Schnitzler, Oberarzt und Leutnant der Reserve, nach dem Erscheinen des Buchs von einem Ehrengericht des Offiziersstands enthoben.

Anders als der Name (zumindest mich) vermuten lässt, ist Schnulzenautorin Rosamunde Pilcher keine Deutsche, sondern Britin und tatsächlich in Cornwall geboren. Man spricht sie entsprechend auch »Rosamund Pilscher« aus.

Im 1865 erschienenen Roman *Von der Erde zum Mond* lässt Jules Verne seine Helden in einer Raumkapsel nach dem Prinzip einer Pistolenkugel zum Mond schießen. Entsprechend ist die treibende Kraft hinter der Aktion der Kanonenclub von Baltimore.

Die ethnografische Schrift *Germania* des römischen Historikers Tacitus beschreibt das Leben und die Sitten der Germanen. Er erwähnt darin unter anderem die Gastfreundschaft der Germanen, aber auch die Saufgelage, die sich oft über mehrere Tage hinziehen und in Mord und Totschlag enden konnten.

Im Jahr 2000 rief die UNESCO den Welttag der Poesie ins Leben. Er findet am 21. März statt.

*Neue Deutsche Literatur* und *Sinn und Form* waren die wichtigsten Literaturzeitschriften in der DDR.

Angeblich erschreckte *Herr der Ringe*-Autor John Ronald Reuel Tolkien seine Nachbarn gerne mal als axtschwingender Wikinger.

Wie *Der Mann ohne Eigenschaften,* der Protagonist seines gleichnamigen Romans, entzog sich auch sein Schöpfer Robert Musil zumindest im Hinblick auf sein Werk jeglicher Festlegung. Er überarbeitete seinen Roman bis zu seinem Tod 1942 immer wieder, ohne ihn wirklich abzuschließen.

Karl Kraus, österreichischer Autor und Kritiker des »Hetzjournalismus« seiner Zeit, bezeichnete Journalisten unter anderem als »Journaille«, »Tintenstrolche«, »Preßmaffia«, »Fanghunde der öffentlichen Meinung« und »Preßköter«.

Der Briefwechsel zwischen Goethe und Schiller umfasst über 1000 überlieferte Briefe.

Der bürgerliche Name der Juristin und Bestsellerautorin Juli Zeh lautet Julia Barbara Finck.

*Die Abtei von Northanger* von Jane Austen ist eine Satire auf die Schauerromane des ausgehenden 18. Jahrhunderts. Das Buch wurde erst nach ihrem Tod veröffentlicht.

Vor seinem Durchbruch arbeitete der französische Schriftsteller, Regisseur und Drehbuchautor David Foenkinos unter anderem als Gitarrenlehrer.

Mit 18 Jahren wurde Astrid Lindgren vom Eigentümer und Chefredakteur der Zeitung, bei der sie ein Volontariat absolvierte, schwanger. Das sollte aber offenbar erst einmal niemand wissen. Deswegen fand die Geburt klammheimlich in Kopenhagen statt. Dort erblickte Lasse Lindgren am 4. Dezember 1926 das Licht der Welt.

In der sogenannten Schermesser-Episode im Schelmenroman *Der Abentheuerliche Simplicissimus Teutsch* unterhält sich der gleichnamige Protagonist mit einem Schermesser. Was das ist? Ein Stück Klopapier!

In Wim Wenders *Der Himmel über Berlin* von 1987 werden immer wieder Strophen des Gedichts *Lied vom Kindsein* eingespielt, das der österreichische Skandalautor Peter Handke extra für den Film geschrieben hat.

Romain Gary erhielt als einziger Schriftsteller den begehrten Prix Goncourt zweimal – weil er unter zwei unterschiedlichen Namen veröffentlicht hatte. Das Ganze blieb bis zu seinem Tod ein Geheimnis.

Bei der Uraufführung von *Der Erdgeist* am 25. Februar 1898 spielte der Autor Frank Wedekind den Dr. Schön selbst, ließ sich jedoch auf dem Theaterzettel als Heinrich Kammerer aufführen.

Lust auf ein kleines Spiel zwischendurch? Der Knaller in den Salons des 17. Jahrhunderts: Bouts-rimés, bei dem Reimwörter vorgegeben werden, aus denen ein sinnvolles (!) Gedicht entwickelt werden muss. Ich fange an! Hier die Begriffe: Buch, Tuch, Fluch, genuch …

Nach verkauften Exemplaren ist die Schnulzenautorin Hedwig Courths-Mahler (*Eine ungeliebte Frau, Die Flucht vor der Ehe* und viele mehr) wohl die erfolgreichste deutsche Autorin aller Zeiten.

In Jean-Paul Sartres 1944 uraufgeführtem Drama *Geschlossene Gesellschaft* geht es um eine Gruppe von Menschen, die sich gemeinsam in einem Raum eingeschlossen finden. Erst nach und nach realisieren sie, dass sie offenbar in der Hölle gelandet sind, wo sie einander die Ewigkeit unerträglich machen werden.

137 Romane und Erzählungen sollte Honoré de Balzacs groß angelegtes Romanwerk unter dem Oberbegriff *Die menschliche Komödie* umfassen. Es blieb aber bei 91.

Am 12. September 1772 wurde der Göttinger Hainbund gegründet, eine Gruppe von Literaten, die nicht nur die Natur verehrten, sondern auch dem Sturm und Drang zugeneigt waren.

Mit Goethes *Wahlverwandtschaften* begann eine Reihe von europäischen Ehebruchromanen, darunter unter anderem Gustave Flauberts *Madame Bovary*, Leo Tolstois *Anna Karenina* und Theodor Fontanes *Effi Briest*.

Patricia Highsmiths Kriminalroman *Der talentierte Mr. Ripley* wurde 1960 mit dem wunderschönen Alain Delon in der Hauptrolle verfilmt. Der deutsche Titel lautete: *Nur die Sonne war Zeuge.*

Fast 20 Jahre lang hatte sich Goethe mit der Farbenlehre in Form von Beobachtungen und Versuchen befasst, bevor er seine Ergebnisse 1810 veröffentlichte. Große Resonanz erfuhr seine Publikation *Zur Farbenlehre* jedoch nicht.

Die Schriftstellerin Bettina von Arnim verwendete das Pseudonym St. Albin, um sich als vermeintlicher Mann zu politischen Themen zu äußern.

Boris Pasternaks 1956 fertiggestellter Roman *Doktor Schiwago* erschien erst 1988 in der Sowjetunion. Überhaupt möglich war das nur durch den Beginn der Perestroika.

Charlotte Brontë, geistige Mutter der leidenschaftlichen Jane Eyre, bezeichnete Jane Austens Werke als zu alltäglich und kühl beobachtend.

Für seinen Erstling *Keine Sorge, mir geht's gut* aus dem Jahr 1999 wurde der französische Autor Oliver Adam mit dem Prix Goncourt de la Nouvelle ausgezeichnet.

*Das Buch der Apokalypse*, Buch und Kunstwerk zugleich, an dem Salvador Dalí, spanischer Künstler und einer der Hauptvertreter des Surrealismus, zwischen 1958 und 1961 mitwirkte, wiegt sage und schreibe 210 Kilogramm. Kein Wunder – es besteht aus 300 Seiten Pergament.

Der französische Schriftsteller Mallarmé schrieb zum Teil unter weiblichen Pseudonymen wie Miss Satin oder Marguerite de Ponty für Modemagazine und rief schließlich selbst eines ins Leben: *La Dernière Mode*.

*Die Ernte* war der Name der Schülerzeitung, die Bertolt Brecht gemeinsam mit seinem Freund Fritz Gehweyer im Alter von 15 Jahren herausbrachte. Die meisten Texte schrieb er – unter ständig wechselnden Namen – selbst.

Im 1773 erschienenen *Götz von Berlichingen* setzte Goethe dem sogenannten Schwäbischen Gruß ein Denkmal, indem er seinen Helden rufen ließ: »Er aber, sag's ihm, er kann mich im Arsche lecken!«

Der Name der *Tribute-von-Panem*-Heldin Katniss geht zurück auf die englische Bezeichnung für Pfeilkraut.

Das Schauspiel *Liebelei* des österreichischen Autors Arthur Schnitzler wurde gleich mehrere Male verfilmt. Unter anderem 1933 von Max Ophüls mit Magda Schneider und 1958 von Pierre Gaspard-Huit unter dem Titel *Christine* mit deren Tochter Romy Schneider.

Im absurden Theater, einer Theaterspielart des 20. Jahrhunderts, geht es um nicht mehr und nicht weniger, als die Absurdität des menschlichen Seins darzustellen.

Johannes Gutenberg, der Erfinder des modernen Buchdrucks, wurde als Johannes Gensfleisch geboren.

In den 1930er Jahren emigrierte die deutsch-jüdische Schriftstellerin und überzeugte Kommunistin Anna Seghers zunächst nach Frankreich, ihre weitere Flucht führte sie schließlich bis nach Mexiko-Stadt.

Die Erzählzeit ist die Zeit, die man benötigt, um einen Text zu lesen oder erzählt zu bekommen. Die erzählte Zeit ist dagegen die Zeit, die auf der Ebene der Handlung vergeht. Das können dann gut und gerne auch mal Jahrhunderte sein. Im Dialog sind die Erzählzeit und die erzählte Zeit deckungsgleich.

Wenn bei einem Buch eine Auflage von zum Beispiel 2000 Exemplaren angegeben wird, dann wird immer auch eine sogenannte Plusauflage mitgedruckt. Darunter versteht man die Exemplare, die als Autoren- oder Rezensionsexemplare verwendet werden.

Der Titel des 1961 erschienenen Romans *Catch-22* von Joseph Heller entwickelte sich mit der Zeit zum geflügelten Wort. Der Begriff bezeichnet vor allem im englischsprachigen Raum eine unentrinnbare Zwickmühle oder ein Dilemma.

In seinen *Stilübungen* von 1947 beschreibt der französische Schriftsteller Raymond Queneau immer wieder dasselbe Geschehen – nur der Stil variiert. Und zwar 99-mal.

Die beiden Hauptfiguren William von Baskerville und seine rechte Hand Adson aus Umberto Ecos *Der Name der Rose* verweisen mit ihren Namen auf das seit Sherlock Holmes typische Zweigespann aus Ermittler (Baskerville – wie im Titel des dritten Sherlock-Holmes-Romans *Der Hund von Baskerville*) und Gehilfe (Watson).

Seinen Roman *Carrie* schrieb Horrorautor Stephen King in einem gemieteten Wohnwagen, warf es aber vor der Fertigstellung in den Müll. Seine Frau motivierte ihn, weiterzuschreiben.

Der Barockdichter Martin Opitz war 41 Jahre alt, als er am 20. August 1639 an der Pest starb.

Der Zürcher Kinderbuchpreis trägt den Namen *La vache qui lit* (»Die Kuh, die liest«) – eine Anspielung auf einen französischen Käse namens *La vache qui rit* (»Die Kuh, die lacht«).

Boris Pasternaks Vater Leonid war Künstler – entsprechend gibt es aus Pasternaks Jugendzeit einige eindrucksvolle Porträts des späteren Schriftstellers.

Charlotte von Stein, Busenfreundin des Dichterfürstens, erhielt über 1500 Briefe von Goethe.

Für seinen Gedichtband *Die Blumen des Bösen*, erstmals erschienen 1857, wurde Décadence-Dichter Charles Baudelaire wegen »Verletzung der öffentlichen Moral« verurteilt.

Der Band markiert den Beginn der modernen europäischen Lyrik.

Der 1811 erschienene Roman *Verstand und Gefühl* von Jane Austen geht zurück auf das bereits 1796 vorliegende Manuskript zu einem Briefroman mit dem Titel *Elinor and Marianne.*

Leo Tolstoi war Vegetarier.

Mathematiker haben inzwischen Programme entwickelt, die einen Abgleich von literarischen Stilen möglich machen – und somit auch einen Beitrag zur Antwort auf die Frage nach dem eigentlichen Autor eines Textes leisten können.

Das sogenannte Dinggedicht ist ein Gedichttypus, wie er vor allem in der zweiten Hälfte des 19. Jahrhunderts zu finden ist. Beim Dinggedicht tritt das lyrische Ich in den Hintergrund, ein betrachtetes Ding oder ein Tier steht dafür im Zentrum. Ein wichtiger Vertreter ist Rainer Maria Rilke. Ich sage nur: *Das Karussell* oder *Der Panther*!

Am Ende von Hugo von Hofmannsthals *Reitergeschichte* von 1899 stirbt die unsympathische Hauptfigur Anton Lerch. Kein Wunder, ist er doch kurz zuvor seinem Doppelgänger begegnet – kein gutes Zeichen und in der Regel eine Vorausdeutung auf einen baldigen Tod.

Der Titel von Eduard von Keyserlings 1911 erschienenem impressionistischen Roman verrät es schon: *Wellen* – und zwar jene der Ostsee – sind die wahren Hauptdarsteller des Romans; sich ständig verändernd im Gegensatz zu den in ihren Konventionen gefangenen Menschen am Ufer.

Im Alter von vier Jahren bekam Goethe zum Weihnachtsfest ein Puppentheater geschenkt, auf dem er fortan auswendig gelernte Stücke mit Freunden aufführte.

Bei einem gebrochenen Reim wird das Reimwort »zerbrochen« und geht in der nächsten Zeile weiter: »Du kennst es, ja, da wächst das Reim-/Wort in die nächste Zeile rein.« Ja, schlechtes Beispiel. Aber ich bin ja auch keine Lyrikerin.

Der Geschmack einer in Tee getauchten Madeleine ist es, der es dem Ich-Erzähler in Marcel Prousts Monumentalwerk

*Auf der Suche nach der verlorenen Zeit* ermöglicht, sich an seine Kindheit zurückzuerinnern.

Die frühe Geschichte Japans und seine Mythologie werden im *Kojiki* beschrieben. Diktiert wurde der Text im Jahr 712 von Hieda no Are, einem oder einer Erzählerin, aufgeschrieben von dem Beamten Ō no Yasumaro.

Ein Hurenkind ist ein Satzfehler – man bezeichnet so die letzte Zeile eines Absatzes, wenn sie allein auf der darauffolgenden Seite steht.

Sherlock-Holmes-Vater Arthur Conan Doyle war ein begeisterter Sportler und absolvierte 1893 als erster Brite eine Tagestour im Skilanglauf. Ihm zu Ehren wurde ein Gletscher in der Antarktis Doyle-Gletscher genannt.

Gleich drei Werke der britischen Autorin Daphne du Maurier verfilmte der Meister des Suspense Alfred Hitchcock. Klar – *Rebecca* und *Die Vögel*, aber auch den Roman *Gasthaus Jamaika*.

Während Bestseller-Produzent Ken Follett sich dem kreativen Schreibprozess widmet, kümmert sich ein Team von über 20 Mitarbeitern um administrative Aufgaben und hilft ihm bei der Recherche.

Die Literatursendung *Das literarische Quartett* wurde erstmals am 25. März 1988 ausgestrahlt – sie dauerte damals noch 75 Minuten. Heute sind es 45 bis 60 Minuten.

J. K. Rowling erfand Harry Potter 1990 auf einer Zugfahrt von Manchester nach London.

Das bekannte Gedicht *Schlaflied für Mirjam* schrieb der österreichische Dichter Richard Beer-Hofmann anlässlich der Geburt seiner Tochter Mirjam am 4. September 1897. Es schließt mit den Worten: »Mirjam, mein Leben, – mein Kind, schlaf ein.«

Der Schweizer Comiczeichner David Boller gestaltete Karl Kraus' Lesedrama *Die letzten Tage der Menschheit* von 1922 über 90 Jahre später als Graphic Novel.

Im 1922 erschienenen *Brief einer Unbekannten* von Stefan Zweig beichtet eine Frau dem Empfänger des Briefs kurz vor ihrem Tod ihre unerwiderte Liebe – die dennoch nicht folgenlos geblieben ist.

Sogenannte Geißlerlieder hatten vor allem in Pestzeiten ihre Blütezeit. Sie wurden auf dem Hin- oder Rückweg zu oder von Geißelungen gesungen. Was eine Geißelung ist? Auspeitschen – in diesem Fall mit dem Zweck, Buße zu tun.

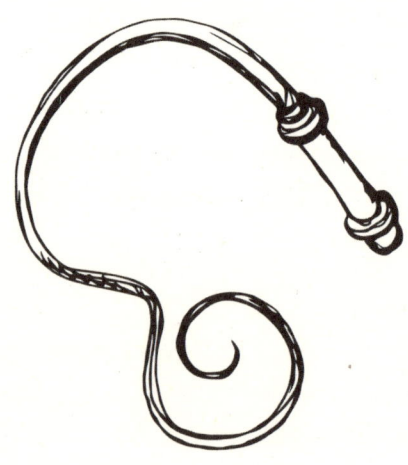

Ein Buch ist laut UNESCO erst dann ein Buch, wenn es mehr als 49 Seiten hat.

Das Erasmus-Austauschprogramm für europäische Studierende wurde benannt nach dem niederländischen Humanisten Erasmus von Rotterdam.

Adynaton ist eine sprachliche Figur, bei der nicht einfach »niemals« oder »unmöglich« gesagt wird, sondern stattdessen ein unmögliches Ereignis als Referenz beschrieben wird. Ein Beispiel gefällig? »Das willst du schaffen? Da fress ich einen Besen!«

Christiane Scherers Pseudonym Thea Dorn ist eine Anspielung auf T. Adorno – Theodor W. Adorno. Wer Thea Dorn ist? Sie leitet seit 2017 die Sendung *Das literarische Quartett* im ZDF.

Dass Sherlock Holmes' Mitbewohner Dr. Watson nicht ganz gesund aus dem Krieg zurückgekehrt ist, weiß jeder Krimifan. Allerdings ist mal von einer Schulter-, mal von einer Beinverletzung die Rede.

Im Januar 2017 rangierte George Orwells Dystopie *1984* auf Platz 1 der Amazon-Verkaufscharts – nachdem das Team um US-Präsident Donald Trump mit den »alternativen Fakten« einen Begriff verwendete, der charakteristisch ist für das von Orwell im Roman beschriebene »Doppeldenk«.

Beatnik Jack Kerouac wurde in den USA geboren. Er wuchs mit dem französischen Dialekt Joual auf und lernte erst in der Schule Englisch.

Das Prosawerk *Tage der Araber*, das Kriege und Kämpfe aus der vorislamischen Zeit schildert, wird auf das 8. Jahrhundert n. Chr. datiert.

Der Übersetzer des Romans *Der andere Schlaf* des französischen Autors Julien Green aus dem Jahr 1931 ist Peter Handke.

Einen echten Großstadtdschungel stellt die Erzählstruktur von John Dos Passos' *Manhattan Transfer* von 1925 dar. Darin gibt es keine stringente Handlung, sondern es werden einzelne Stränge wie im undurchdringlichen Dickicht eines Urwalds miteinander verwoben.

Ihren berühmten Salon in der Pariser Rue de Fleurus 27 führte die Schriftstellerin Getrude Stein zunächst mit ihrem Bruder, später mit ihrer Lebensgefährtin Alice B. Toklas.

Das berühmte Theaterstück *Warten auf Godot* hat der irische Autor Samuel Beckett ursprünglich auf Französisch verfasst.

Margaret Mitchell, die Autorin von *Vom Winde verweht,* wurde am 11. August 1949 von einem betrunkenen Taxifahrer überfahren und verstarb fünf Tage später, ohne das Bewusstsein wiedererlangt zu haben.

Den Heftroman *Der Bergdoktor* gibt es seit 2014 – genauer gesagt seit Folge 1675 – auch in digitaler Form.

Clive Staples Lewis (bekannter unter C. S. Lewis) schrieb von 1939 bis 1954 an *Die Chroniken von Narnia.* Die Serie umfasst sieben Bände.

Der Autorenverband PEN International wurde am 5. Oktober 1921 von der englischen Schriftstellerin Catherine Amy Dawson Scott in London gegründet. Sie lud zu einem Abendessen ein und ihrer Einladung folgten 41 Schriftsteller. Ursprünglich verwies der Name des P.E.N.-Clubs auf seine Mitglieder: Die Abkürzung steht für »poets, essayists, novelists«, also Dichter, Essayisten und Romanautoren. Heutzutage können aber zum Beispiel auch Journalisten eintreten – daher wird der Name nun eher als »pen« aufgefasst, also Schreibfeder.

Vor ihrem Bestseller *Eat Pray Love* arbeitete Bestseller-Autorin Elisabeth Gilbert unter anderem als Kolumnistin. Eine ihrer Kolumnen gab den Anstoß für den Kultfilm *Coyote Ugly*.

»Im Westen nichts Neues« – auf diesen Satz beschränkt sich der Heeresbericht an jenem Tag, an dem der Protagonist des gleichnamigen Romans von Erich Maria Remarque stirbt: »Sein Gesicht hatte einen so gefassten Ausdruck, als wäre er beinahe zufrieden damit, dass es so gekommen war.« Bei der Machtergreifung der Nazis wurde der Anti-Kriegs-Roman öffentlich verbrannt.

Der russische Schriftsteller Iwan Turgenew wurde unter anderem beeinflusst von Johann Wolfgang von Goethe und dessen *Faust.* Entsprechend verfasste er 1856 die gleichnamige Novelle Фауст.

Bloomsbury Publishing, der Verlag, der 1996 das Manuskript zum ersten *Harry-Potter*-Band annahm, hatte das Buch zuvor bereits einmal abgelehnt und folgte nun der Empfehlung eines Mitarbeiters.

Die Startauflage des ersten *Harry-Potter*-Bands betrug gerade einmal 500 Stück.

Der 31. März ist der Tag des Donaldismus. Wichtig: Es geht dabei um Donald Duck, nicht um irgendwelche andere Donalds. Der fuhr nämlich einen alten 313er – und das passt doch hervorragend zum 31.3., oder?

Der Mörder John Lennons, Mark David Chapman, trug ein Exemplar von J. D. Salingers Kultroman *Der Fänger im Roggen* bei sich und las nach dem Mord in dem Buch, bis die Polizei kam.

Goethe sprach nicht nur Latein, Griechisch, Hebräisch, Französisch, Italienisch und Englisch, sondern auch Jiddisch, das in Teilen Frankfurts sehr verbreitet war.

Der Gorki-Park, der auch im Scorpions-Lied *Wind of Change* Erwähnung findet, wurde benannt nach dem 1936 verstorbenen russischen Schriftsteller Maxim Gorki.

Die *Canterbury Tales*, an denen der englische Autor Geoffrey Chaucer von ungefähr 1387 an schrieb, sind größtenteils in Versen verfasst – nur zwei in Prosa.

*20.000 Meilen unter dem Meer* taucht Jules Vernes Kapitän Nemo im Roman von 1869/70. Das sind 32.186,88 Kilometer.

Angeblich dachte sich Astrid Lindgrens Tochter Karin mit gerade einmal sieben Jahren den Namen Pippi Langstrumpf aus.

Am 200. Todestag von Jane Austen kam ein 10-Pfund-Schein mit einem Porträt der Autorin in Umlauf.

Ein Hintertreppenroman war eine wenig hochwertige Form der Literatur, die von fahrenden Händlern »an der Hintertreppe«, also am Dienstboteneingang, angeboten wurde.

Im Herbst 1958 berichtete der Literaturkritiker Marcel Reich-Ranicki erstmals von einem Treffen der Gruppe 47. Er war dafür einer Einladung von Gruppe-47-Gründervater Hans Werner Richter gefolgt.

Die literarische E. T. A. Hoffmann-Gesellschaft e. V. hat ihren Sitz in Bamberg. Auch der Literaturpreis der Stadt, der alle zwei Jahre vergeben wird, ist nach dem großen Dichter der Romantik benannt. Ach ja, und das Theater am Ort heißt auch so.

Große Erwartungen: Schon 1927 hoffte Thomas Mann auf den Nobelpreis – und erhielt ihn schließlich 1929. Allerdings war er da fast ein bisschen beleidigt, dass er den Preis nicht etwa für sein jüngstes Schaffen (*Zauberberg*) erhielt, sondern für die *Buddenbrooks* von 1901.

Stig Larsson, Autor der *Millennium*-Trilogie, änderte seinen Namen in Stieg Larsson, um nicht mit dem Regisseur Stig Larsson verwechselt zu werden.

Die US-amerikanische Kaffeekette Starbucks wählte ihren Namen in Anlehnung an den Steuermann Starbuck aus *Moby Dick*.

Friedrich Schiller starb 1805 an einer akuten Lungenentzündung. Er hatte wenigstens 50 Jahre alt werden wollen, wurde aber nur 45.

30 Jahre war der deutsch-österreichische Schriftsteller Daniel Kehlmann alt, als ihm mit *Die Vermessung der Welt* einer der größten deutschen literarischen Erfolge der Nachkriegszeit glückte.

Lord R'Hoone und Horace de Saint-Aubin waren die Pseudonyme, unter denen der französische Autor Honoré de Balzac sein Jugendwerk veröffentlichte.

Fünf Jahre in Folge wurde Jojo Moyes mit dem LovelyBooks-Leserpreis in der Kategorie Roman ausgezeichnet – und zwar von 2013 bis 2017. 2018 gab es keine Auszeichnung für sie, dafür aber 2019 wieder.

Mario Puzos Mafia-Roman *Der Pate* hat sich über 21 Millionen Mal verkauft.

In Julien Greens Roman *Adrienne Mesurat* von 1927 tötet die titelgebende Protagonistin ihren alles beherrschenden Vater und wird doch nie ganz frei.

Es gibt keine nachgewiesenen direkten Nachkommen von Johann Wolfgang von Goethe.

Die einzigen bislang bekannten Bilder von Jane Austen sind zwei Farbzeichnungen, erstellt von ihrer Lieblingsschwester Cassandra.

Der englische Künstler Hablot Knight Browne aka Phiz illustrierte unter anderem die Erstausgaben von Charles Dickens.

Felix Salten, der Autor von *Bambi. Eine Lebensgeschichte aus dem Walde,* schrieb angeblich auch den pornografischen Roman *Josefine Mutzenbacher oder Die Geschichte einer Wienerischen Dirne von ihr selbst erzählt.*

In der australischen Adaption von Botho Strauß' Theaterstück *Groß und klein* von 2012 übernahm Cate Blanchett die Rolle der Lotte.

Die spätere Literatur-Nobelpreisträgerin Elfriede Jelinek sollte eigentlich ein musikalisches Wunderkind werden. Entsprechend erhielt die Österreicherin schon in frühester Kindheit Unterricht in zahlreichen Instrumenten.

Am 3. Januar ist der Geburtstag von *Herr der Ringe*-Autor J. R. R. Tolkien. Diesen feiern Mittelerde-Fans damit, dass sie um 21 Uhr lokaler Zeit mit dem Toast »The Professor!« und einem Getränk ihrer Wahl auf den Autor anstoßen.

Es ist unklar, was an dem 1996 erschienenen Roman *Die Päpstin* der US-amerikanischen Autorin Donna W. Cross über eine junge Frau, die sich als Mann verkleidet und schließlich Papst wird, wirklich dran ist. Die Gerüchte, Johannes VIII. sei eine Frau gewesen, tauchten erst im 13. Jahrhundert auf – vier Jahrhunderte nachdem er gelebt hat – und gehören wahrscheinlich ins Reich der Legenden.

Nah am Wasser gelebt: Annette von Droste-Hülshoff – das ist die vom 20-Mark-Schein – wurde auf der Wasserburg Hülshoff bei Münster geboren und starb auf der Burg Meersburg in Meersburg.

*Der Graf von Monte Christo* von Alexandre Dumas erschien über zwei Jahre hinweg in der Zeitschrift *Le Journal des débats* als Fortsetzungsroman. Er wurde 1998 mit Gérard Depardieu in der Hauptrolle verfilmt.

Die Gebrüder Grimm sind der breiten Masse in erster Linie als Märchenonkel bekannt. Eigentlich waren die beiden aber Sprach- und Literaturwissenschaftler und gelten als die Gründungsväter der Germanistik.

Die deutsch-jüdische Dichterin Else Lasker-Schüler lebte von 1924 bis 1933 im Hotel Sachsenhof in Berlin. Eine Gedenktafel in der Motzstraße 7 erinnert daran.

Der australische Autor Graeme Simsion, geistiger Vater des autistische Genetikers Don Tillman in seinem Erstling von 2013 *Das Rosie-Projekt,* ist selbst ein Nerd, nämlich IT-ler und Fachmann für Datenmodellierung.

In Wien gibt es seit 2008 eine Ilse-Aichinger-Gasse. Sie befindet sich im 22. Bezirk.

Angeblich rief John Lennon in den 1970er Jahren bei Philip K. Dick, dem Autor von *Träumen Androiden von elektrischen Schafen?,* an und erklärte ihm, die Beatles hätten *Paperback Writer* zu seinen Ehren geschrieben.

Der österreichische Skandalautor Thomas Bernhard formulierte in seinen Texten immer wieder – äußerst publikumswirksam – seine Abneigung gegenüber seiner österreichischen Heimat und wurde entsprechend immer wieder – ebenfalls äußerst publikumswirksam – als »Vaterlandsverräter« und »Nestbeschmutzer« tituliert.

Die Mitglieder der gleichnamigen Jugendbuchreihe TKKG heißen: Peter Timotheus Carsten, Karl Vierstein, Willi Sauerlich und Gabriele Glockner.

*Min Kamp* – also »Mein Kampf« – lautet der Titel des autobiografischen Romanzyklus des norwegischen Schriftstellers Karl Ove Knausgård. In Deutschland läuft der Zyklus aus nachvollziehbaren Gründen unter dem Titel *Kämpfen*.

Die 1961 gegründete Dortmunder Gruppe 61 hatte das Ziel, schreibende Arbeiter und Menschen aus dem Literaturbetrieb zusammenzubringen.

Das erste Buch über das Leben des sich dumm stellenden, eigentlich jedoch äußerst gewieften Till Eulenspiegels erschien 1510 unter dem Titel *Ein kurtzweilig lesen von Dil Ulenspiegel, geboren vß dem land zu Brunßwick, wie er sein leben volbracht hat.*

Bei den Meistersingern, die sich im 15. und 16. Jahrhundert zunftartig zusammenschlossen, durften nicht nur Handwerksmeister mitmachen, sondern auch Lehrer, Juristen und Priester.

Die Vorlage für Robert Louis Stevensons *Der seltsame Fall des Dr. Jekyll und Mr. Hyde* war vermutlich der schottische Tischler William Brodie, der tagsüber den braven Mann gab und nachts Einbrüche verübte. 1788 wurde er durch den Strang hingerichtet.

Miguel de Cervantes' *Don Quijote* hat sich angeblich über 500 Millionen Mal verkauft.

Der verrückte Hutmacher aus Lewis Carrolls Roman *Alice im Wunderland* wird vom Autor selbst immer nur als »Hutmacher« bezeichnet.

Der Expressionist Georg Trakl starb an einer Überdosis Kokain. Zuvor hatte er nach einem traumatischen Einsatz als Militärapotheker versucht, sich zu erschießen, und war von Freunden in ein Militärkrankenhaus gebracht worden.

Der Vater von Theodor Fontane, dem späteren Autor von *Effi Briest*, war Apotheker, doch er musste seine Apotheke verkaufen, um Spielschulden zu begleichen.

Warum heißt George Bernard Shaws Schauspiel von 1913 über die Blumenverkäuferin Eliza Doolittle, die von einem Sprachwissenschaftler zu einer »Herzogin« gemacht wird (im Sinne von »Du bist, wie du sprichst«), eigentlich *Pygmalion*? Wie der Künstler Pygmalion, der sich in die von ihm geschaffene Elfenbeinstatue verliebt, verliebt sich auch der Sprachwissenschaftler in sein Kunstwerk (wohlgemerkt aber nicht in die Person Eliza).

Das vom Bildhauer Hermann Michaelis modellierte Sandsteindenkmal von Andreas Gryphius in Glogau hat 2,5-fache Lebensgröße.

Die aleatorische Dichtung ist eine Schreibweise, wie sie vor allem für Dada relevant war. Es handelt sich dabei um Dichtung, bei der der Zufall (lat. »alea«: Würfel) regiert.

Seinen Roman *Die Jury* schrieb der Jurist John Grisham über drei Jahre hinweg ab fünf Uhr morgens, bevor er zur Arbeit ging. Er hatte einem Vergewaltigungsprozess beigewohnt und sich überlegt, was wohl geschehen wäre, hätte der Vater des minderjährigen Opfers den Angeklagten getötet.

Angesichts des Literatur-Nobelpreises für die US-amerikanische Lyrikerin und Essayistin Louise Glück 2020 urteilte der Literaturkritiker Tobias Lehmkuhl in der *Süddeutschen Zeitung*: »Die literarischen Werte (…) wurden mit dieser Preisentscheidung mit Füßen getreten.«

Der Verlag Random House wurde 1927 in New York City gegründet – los ging es mit einer Reihe klassischer Nachdrucke.

Der spätere Horrorautor Stephen King wurde als Kind Zeuge, wie sein Freund unter einen Zug geriet und getötet wurde.

Thomas Mann hatte sechs Kinder – vier davon wurden ebenfalls Schriftsteller und zwar Erika, Klaus, Golo und Monika.

2001 erschien das eigentlich fiktive Buch *Quidditch im Wandel der Zeiten* in der realen Welt. J. K. Rowling veröffentlichte es unter dem Pseudonym Kennilworthy Whisp.

Den Pulitzer-Preis gibt es nicht nur für Bücher, sondern allgemein für herausragende literarische, journalistische oder musikalische Leistungen. Er wurde 1917 von dem ungarisch-amerikanischen Verleger Joseph Pulitzer gestiftet.

2001 war der indisch-britische Schriftsteller Salman Rushdie in einer Gastrolle als Schriftsteller in der Verfilmung von *Bridget Jones – Schokolade zum Frühstück* zu sehen.

Goethe selbst bezeichnete die *Wahlverwandtschaften* als sein bestes Buch.

Die Anweisung »ad spectatores« meint im Drama die an das Publikum gerichtete Figurenrede. Manchmal wird die Formulierung auch für das sogenannte Beiseitesprechen verwendet.

Arthur Conan Doyle schrieb nicht nur die *Sherlock-Holmes*-Geschichten, sondern ist auch der Verfasser des 1912 erschienenen Romans *Die vergessene Welt*, in dem auf einem von der Außenwelt abgeschlossenen Plateau Dinosaurier entdeckt werden.

Heinrich Manns Roman *Professor Unrat* wurde 1929/30 mit der damals noch unbekannten Marlene Dietrich in der Rolle der Lola Lola unter dem Titel *Der blaue Engel* verfilmt.

Die Zahl »451« im Titel von Ray Bradburys Roman *Fahrenheit 451* soll eigentlich auf die Selbstentzündungstemperatur von Papier verweisen – allerdings beträgt diese nicht etwa 450 Grad Fahrenheit, sondern Grad Celsius.

Der *Dorfpunks*-Autor Tobias Albrecht tritt unter ganz unterschiedlichen Pseudonymen an die Öffentlichkeit: Roddy Dangerblood, Bims Brohm, IBM Citystar oder Mike Strecker – und natürlich Rocko Schamoni.

Uranus hat 27 bisher bekannte Monde und fast alle sind nach Figuren von William Shakespeare benannt. Ein kleines Quiz gefällig?
Oberon und Titania? Das war leicht, oder? *Ein Sommernachtstraum.*
Desdemona? Auch leicht: *Othello.*
Bianca? Richtig! *Der Widersprenstigen Zähmung.*
Jetzt etwas Schwereres:
Portia? Sehr gut! *Der Kaufmann von Venedig.*

Jane Austen starb unverheiratet. Einen Heiratsantrag von einem Verehrer namens Harrison Bigg Wither lehnte sie 1802 ab.

Mark Twain schrieb auf einer Remington-Schreibmaschine, genauso wie Margaret Mitchell.

Im Ersten Weltkrieg arbeitete Agatha Christie als Krankenschwester in der Arzneimittelausgabe eines Krankenhauses und erwarb so fundierte Kenntnisse über die verschiedensten Gifte.

Von der *Gutenberg-Bibel*, dem ersten mit beweglichen Lettern gedruckten Buch, gibt es etwa 180 Exemplare – 150 aus Papier, 30 aus Pergament. Die Universitätsbibliothek Leipzig besitzt vier Bände. Das ist mehr als die Bibliothek des Vatikans, denn dort stehen nur drei.

*Ist das ein Mensch?* So lautet der Titel des autobiografischen Berichts des italienischen, jüdischen Schriftstellers Primo Levi, in dem er über seine Zeit in Auschwitz und die Erfahrung der Entmenschlichung berichtet.

Als Frühgeburt war die Schriftstellerin und Komponistin Annette von Droste-Hülshoff Zeit ihres Lebens kränklich und nur 1,50 Meter groß.

Der *Wolfsblut*-Autor Jack London wurde 1876 unehelich geboren. Sein angeblicher leiblicher Vater bestritt die Vaterschaft mit der Behauptung, er sei unfruchtbar.

Goethe schrieb zwar eine Doktorarbeit, wurde aber nie zum Doktor der Rechtswissenschaften promoviert. Die Arbeit wurde von der Universität Straßburg abgelehnt – sie war den Professoren zu progressiv.

Der im März 1917 zum Kriegsdienst eingezogene Maler, Dichter, Grafiker und und und Kurt Schwitters wurde schon drei Monate später wieder entlassen. Der Grund: Epilepsie und ein Hang zu Depressionen.

Die letzten Worte des sterbenden Oscar Wilde lauteten: »Ich sterbe, wie ich gelebt habe – über meine Verhältnisse.«

Margaret Mitchell begann die Arbeit an *Vom Winde verweht,* als sie 1926 wegen einer Erkrankung für längere Zeit ans Bett gefesselt war. Bis zur Vollendung dauerte es jedoch noch fast zehn Jahre.

Die Bibel beginnt mit den Worten »Am Anfang schuf Gott Himmel und Erde«.

Für seine Ode *Feldmarschall Radetzky* an den wohl bekanntesten österreichischen Feldherrn des 19. Jahrhunderts erhielt der gern als »österreichischer Nationaldichter« bezeichnete Franz Grillparzer einen Ehrenbecher.

Die Schauergeschichte *Der seltsame Fall des Dr. Jekyll und Mr. Hyde* von 1886 stammt vom selben Autor wie das bekannte Jugendbuch *Die Schatzinsel*: Robert Louis Stevenson.

Obwohl viele der Ortsnamen in Jurek Beckers Erfolgsroman *Jakob der Lügner* von 1969 frei erfunden sind und auch das Ghetto, in dem Jakob lebt und den Menschen um sich herum mit motivierenden Lügengeschichten aus seinem angeblichen Radio Hoffnung schenkt, keinen Namen hat, basiert das Buch doch auf historischen Fakten.

Der Londoner Rechtsanwalt, der in Bram Stokers *Dracula* nach Siebenbürgen reist, um einem Grafen bei der Übersiedlung nach London zu unterstützen, heißt Jonathan Harker. Seine Verlobte, in den sich dann auch der Graf – Graf Dracula – verliebt, Mina.

Die erste Autorin, von der man weiß und deren Werke auch überliefert sind, hieß En-hedu-anna. Die Sumererin war eine Hohepriesterin des Mondgottes Nanna und lebte im 23. Jahrhundert vor unserer Zeitrechnung.

In den Jahren 1805 bis 1808 versammelten die beiden großen Dichter der Romantik, Clemens Brentano und Achim von Arnim, in ihrem dreibändigen Werk *Des Knaben Wunderhorn* 723 Volkslieder aus dem Mittelalter bis zur damaligen Gegenwart.

Im viktorianischen Zeitalter mussten die Frauen ihr Bücherregal nach Geschlecht des Autors sortieren.

Bertolt Brecht äußerte in Sachen Grabstein folgende Bitte: »Ich benötige keinen Grabstein, aber wenn ihr einen für mich benötigt, wünschte ich, es stünde darauf: Er hat Vorschläge gemacht. Wir haben sie angenommen. Durch eine solche Inschrift wären wir alle geehrt.« Auf seinem Grabstein steht heute nur sein Name.

Unter dem Pseudonym Robert Galbraith veröffentlichte J. K. Rowling 2013 den Krimi *Der Ruf des Kuckucks*. Der deutsche Blanvalet Verlag erwarb die Rechte, ohne die wahre Autorin zu kennen.

Goethe schrieb im Laufe seines Lebens etwa 3000 Gedichte.

Am 2. April, dem Geburtstag des Vaters der kleinen Meerjungfrau Hans Christian Andersen, wird der Internationale Kinderbuchtag gefeiert.

Ödön von Horváths Roman *Jugend ohne Gott* von 1937 wurde 1938 von den Nazis auf die »Liste des schädlichen und unerwünschten Schrifttums« gesetzt.

Der Essay *Ein Zimmer für sich allein* der britischen Autorin Virginia Woolf aus dem Jahr 1929 gehört heute zu den meistzitierten Texten der Frauenbewegung.

Im kleinsten Buch der Welt, dem japanischen *Shiki no Kusabana* (*Blumen der Jahreszeiten*) sind die Buchstaben gerade einmal 0,01 Millimeter groß.

Unter narrativer Psychologie versteht man eine psychologische Strömung, die von der Bedeutung von Erzählungen für die Psyche des Menschen ausgeht.

Wenn ein Leser das Interesse an einem Buch verliert, dann ist das in der Regel auf Seite 18.

Von Jakob van Hoddis stammt das irritierende expressionistische Gedicht *Weltende,* in dem es unter anderem heißt: »Dachdecker stürzen ab und gehn entzwei.«

Bei der Neuen Sachlichkeit in der Zeit der Weimarer Republik ist der Name Programm. Ganz sachlich, faktenbasiert, an der Wirklichkeit orientiert sollte Literatur wieder sein – nicht so durchgeknallt wie bei den Expressionisten.

Seinen Durchbruch erlebte der französische Dramatiker Molière 1659 mit dem Einakter *Die lächerlichen Preziösen,* in dem er sich über die affektierte Möchtegern-Kultiviertheit bestimmter Kreise lustig machte – ein perfekt auf das Pariser Publikum zugeschnittenes Theaterstück.

Der US-amerikanische Schriftsteller und Philosoph Henry Thoreau verbrachte den 23. Juli 1846 hinter Gittern, weil er seine Steuern nicht zahlen wollte.

In seinem Einakter *Die Unterrichtsstunde* von 1951 lässt der französisch-rumänische Schriftsteller und wichtige Vertreter des Absurden Theaters Eugène Ionesco einen Lehrer seine Schülerin aufschlitzen. Es ist Opfer Nummer 40. Opfer Nummer 41 tritt am Ende des Stücks zur Tür herein.

In *Die Reise nach Westen*, einem der vier klassischen Romane der chinesischen Literatur, geht es um einen Mönch, der die Heiligen Schriften Buddhas von Indien nach China, also nach Westen bringen soll. Begleitet wird er dabei unter anderem vom König der Affen.

Der Naturkundeprofessor, bei dem das Urmel in dem Kinderbuch *Urmel aus dem Eis* von Max Kruse aufwächst, heißt Habakuk Tibatong.

*Der Pate 1* und *2* gibt es auch als Videospiel.

Der aus sechs Büchern bestehende Kaufmannsroman *Soll und Haben* von Gustav Freytag spielt im Schlesien der ersten Hälfte des 19. Jahrhunderts und kritisiert unter anderem das Spekulantentum.

Die Stadt Nischni Nowgorod hieß fast 60 Jahre lang Gorki – nach dem dort geborenen Dichter Maxim Gorki. Erst 1990 erhielt die Stadt ihren ursprünglichen Namen wieder zurück.

Der aus Marbach stammende Friedrich Schiller schwäbelte konsequent. Angeblich lobte er seine Schauspieler gerne mal mit einem »Meischterhaft!«.

Die Aufzeichnungen im *Tagebuch der Anne Frank* erstrecken sich vom 12. Juni 1942 bis zum 1. August 1944.

Den Titel ihres 2014 erschienenen Romans *Die gleißende Welt* übernahm die US-amerikanische Schriftstellerin Siri Hustvedt von der englischen, im 17. Jahrhundert lebenden Autorin Margaret Cavendish. In deren gleichnamigem Roman erzählt diese von einer jungen Frau, die als Einzige eine Expedition zum Nordpol überlebt und dort in eine andere, am Pol mit der unseren verbundene gleißende Welt übergeht. Cavendishs Roman wird als Vorläufer der Science-Fiction angesehen.

Bereits im zarten Alter von 15 Jahren verfasste Daniel Casper von Lohenstein, einer der Hauptvertreter des Schlesischen Barock, sein erstes Trauerspiel *Ibrahim*.

*Tribute von Panem* wird von manchen Fans als Plagiat des japanischen Romans *Battle Royale* von Kōshun Takami bezeichnet.

*Das Schicksal ist ein mieser Verräter* von John Green stieg bei seinem Erscheinen im Januar 2012 gleich auf Platz 1 der *New York Times*-Bestenliste für Kinder- und Jugendliteratur ein.

Die Pegnitzschäfer waren die Mitglieder einer 1644 gegründeten Nürnberger Sprachgesellschaft, des Pegnesischen Blumenordens. Man sollte wohl besser sagen »sind«, denn die Gesellschaft gibt es noch heute – die einzige literarische Gruppierung, die bis in den Barock zurückreicht.

Charlotte Brontë starb 1855 vermutlich an Hyperemesis gravidarum, dem sogenannten unstillbaren Schwangerschaftserbrechen.

Ein Trost für alle Individualisten ist der erste Satz von Leo Tolstois Roman *Anna Karenina*: »Alle glücklichen Familien sind gleich, jede unglückliche Familie ist auf ihre eigene Art unglücklich.«

Jean-Paul Sartres Vater starb 15 Monate nach der Geburt seines Sohns an Gelbfieber.

Die Autorin und promovierte Juristin Juli Zeh setzt sich für Datenschutz und den Erhalt der Freiheitsrechte in Deutschland ein. So erhob sie 2008 beim Bundesverfassungsgericht eine Verfassungsbeschwerde gegen den biometrischen Reisepass – jedoch erfolglos.

Das indische Musical *Liebe lieber indisch* ist eine Adaption von Jane Austens *Stolz und Vorurteil.* Der Originaltitel verrät es – aber nur ein klitzekleines bisschen: *Bride and Prejudice.*

Die US-amerikanische Publizistin und Schriftstellerin Susan Sontag starb an Leukämie.

Die Phosphoristen waren Vertreter der schwedischen Romantik. Der 1807 in Uppsala gegründete Dichterkreis orientierte sich an der deutschen Romantik. Der Name des Kreises geht auf den griechischen Begriff »phosphoros« für »Morgenstern« zurück.

Der *Heliand* aus dem 9. Jahrhundert ist ein altsächsischer Text über das Leben Jesu Christi, enthält jedoch, um den Leser bei der Stange zu halten, zahlreiche Anspielungen auf die damalige sächsische Lebenswelt.

Die Epochenbezeichnung Sturm und Drang geht auf das 1777 veröffentlichte Drama *Sturm und Drang* von Friedrich Maximilian Klinger zurück.

Das Buch *Worte des Vorsitzenden Mao Tse-tung* hat sich angeblich über eine Milliarde Mal verkauft – das Manifest der Kommunistischen Partei »nur« 500 Millionen Mal. Hitlers *Mein Kampf* brachte es angeblich auf 12,5 Millionen verkaufte Exemplare.

80 Prozent der Mitarbeiter in der Buchbranche sind Frauen. Auf den Entscheidungsposten sitzen jedoch 80 Prozent Männer.

1960 reisten Simone de Beauvoir und Jean-Paul Sartre, der für den *France-Soir* schrieb, nach Kuba und trafen dort Che Guevara und Fidel Castro.

Der schottische Dichter und Philosoph George Buchanan war ein Lehrer von Michel de Montaigne.

Als die »weltliche Bibel der Deutschen« bezeichnete der im 19. Jahrhundert lebende Dichter und Journalist Heinrich Heine den *Faust*.

Sure 1, Vers 1 des Korans beginnt mit den Worten »Im Namen Gottes, des Erbarmers, des Barmherzigen«. 113 der insgesamt 114 Suren des Korans beginnen so.

Die dem Vormärz, der von der Julirevolution 1930 bis zur Märzrevolution 1948/49 dauerte, entgegengesetzte Strömung ist der Biedermeier, wobei Letzterer schon etwas früher einsetzt – und zwar mit dem Wiener Kongress und den damit verbundenen restaurativen Bemühungen.

Dante Alighieri nannte seine im 14. Jahrhundert entstandene *Göttliche Komödie* nur *Commedia*. Um das »Divina« wurde der Titel erst nach Dantes Tod von einem Bewunderer erweitert – wobei das Adjektiv nicht als Beschreibung des Inhalts, sondern als Lob zu verstehen ist.

Wegen seines Romans *Auferstehung* wurde Leo Tolstoi im Februar 1901 exkommuniziert, also von der katholischen Kirche aus der Gemeinschaft der Gläubigen ausgeschlossen.

Im antiken Griechenland waren die Dionysien zunächst mehrtägige Festlichkeiten mit Tanz- und Gesangselementen zu Ehren des Gottes Dionysos. Mit der Zeit wurden hier die

ersten Dramen gespielt – sowohl Komödien als auch Tragö-
dien.

Philippika meint heute bildungssprachlich eine Strafrede.
Der Begriff geht zurück auf Demosthenes und seine An-
griffsreden, die er im 4. Jahrhundert v. Chr. gegen Philipp II.
von Makedonien hielt.

Die deutsche Ausgabe von Ernest Clines Science-Fiction-
Bestseller um die Suche nach einem Easter Egg *Ready Player
One* erschien 2012 zunächst als E-Book und erst 2014 als ge-
drucktes Buch.

Nach seinem Tod 1805 landete Friedrich Schillers Leichnam
in einem Massengrab. Erst über 20 Jahre später wurden seine sterblichen Überreste umgebettet. Weil allerdings nicht
eindeutig war, welcher der zahlreichen Schädel der einzig
wahre Schiller-Schädel ist, ruhen in der Fürstengruft in Wei-
mar nun zwei Schädel.

Für dich, lieber Leser, vermutlich nicht so relevant: Der Lies-
ein-Buch-Tag am 6. September. Machst du ja sowieso schon.

Die erste Ehe der *Fünf Freunde*-Schöpferin Enid Blyton, aus der zwei Töchter hervorgingen, ging in die Brüche. Nach Blytons zweiter Heirat durften die Töchter keinen Kontakt zu ihrem leiblichen Vater halten.

Goethe war 18 Jahre mit Christiane Vulpius »verbandelt«, bevor er sie 1806 heiratete, nachdem sie ihm angesichts französischer Marodeure das Leben gerettet hatte.

6,2 Millionen Erwachsene in Deutschland können nicht richtig lesen.

*Der Glöckner von Notre-Dame* als deutscher Titel von Victor Hugos *Notre Dame de Paris* ist eigentlich unzutreffend. Hugo ging es in seinem Roman von 1831 darum, mehrere Erzählstränge in und um die Kathedrale herum zusammenlaufen zu lassen. Die Geschichte des Glöckners ist nur eine von vielen.

Als Mark Twain ein Kind war, war seine Familie so arm, dass sie, anstatt Miete zu zahlen, das Haus ihres Vermieters in Schuss hielt.

*Huldigung an die hehre Künstlerin Fräulein Rosa Fröhlich* – so heißt das Gedicht, das Professor Unrat in Heinrich Manns gleichnamigem Roman im Heft eines Schülers entdeckt, ihn neugierig auf die besagte Künstlerin macht und so in sein Verderben führt.

Der Roman *Clockwork Orange* von 1962 beschäftigt sich mit der Frage, ob man den Menschen zum Guten zwingen oder ihm die Freiheit zum Bösen lassen sollte. In der US-Fassung fehlt das optimistische 21. Kapitel, in dem sich der Protagonist für den rechten Weg entscheidet – ebenso in der Verfilmung von Stanley Kubrick.

Gehüllt in orientalische Fantasiekleidung und eingedeckt mit einem gefälschten Telegramm, gelang es Virginia Woolf, ihrem Bruder und einigen Freunden, 1910 als vermeintliche Botschafter von Abessinien und deren Begleitpersonal ein geheimes Kriegsschiff, die HMS Dreadnought, zu besichtigen.

Das *Siglo de Oro*, also das »goldene Zeitalter«, eine außergewöhnliche kulturelle Blütezeit für Spanien, endete mit dem Tod des Dichters und Dramatikers Calderón 1681.

Als Kind durfte *Die Säulen der Erde*-Autor Ken Follett weder Radio hören noch fernsehen – entsprechend las und las und las er. Die Bücherei war sein Lieblingsort.

Heinrich Heine starb mit den Worten auf den Lippen: »Gott wird mir verzeihen – das ist sein Metier.«

Der indische Schriftsteller Vikram Seth besuchte in Oxford das College, machte seinen Wirtschafts-Master in Stanford und studierte dann chinesische Literatur in Nanjing. Ein echter Weltbürger.

Johann Friedrich Cotta war nicht nur der Verleger von Friedrich Schiller, es bestand schon lange eine enge Verbindung zwischen den beiden Familien. Schiller spielte bereits als Kind in der Cotta'schen Druckerei.

Bei einem Treffen mit Abraham Lincoln sagte dieser zu Harriet Beecher Stowe, der Autorin des Anti-Sklaverei-Romans *Onkel Toms Hütte*: »Sie sind also die kleine Frau, deren Buch diesen großen Krieg (er meinte damit den amerikanischen Bürgerkrieg) verursacht hat.«

*Moby Dick*-Schöpfer Herman Melville wurde in New York City geboren und starb dort auch.

Das wichtigste Leseerlebnis in der Kindheit des Germanisten und Präsidenten der Deutschen Akademie für Sprache und Dichtung Ernst Osterkamp war ein Karl-May-Band: *Der Schatz im Silbersee.*

Die Teenager-Komödie *Clueless – Was sonst!* mit Alicia Silverstone aus dem Jahr 1995 ist eine moderne Adaption von Jane Austens *Emma.*

Seinen Klassiker der Popliteratur *On the Road* schrieb Jack Kerouac auf einer Rolle Fernschreiberpapier. Die scheinbar nie endende Papierbahn war für ihn ein Symbol der besagten »Road« – und wechseln musste er das Papier in der Schreibmaschine so auch nicht. Andere Quellen behaupten übrigens, es habe sich um eine Rolle Toilettenpapier gehandelt.

Der Debütroman von *Tschick*-Autor Wolfgang Herrndorf erschien 2002 und hieß *In Plüschgewittern.*

Goethes letzte Worte lauteten nicht etwa »Mehr Licht!«, er bat angeblich schlicht um seinen Nachttopf.

Erst 2020 erschien der Klassiker der englischen Literatur *Middlemarch* zum ersten Mal unter dem wirklichen Namen seiner Autorin – und zwar Mary Ann Evans. Vorher hatte das männliche Pseudonym George Elliot Verwendung gefunden.

Im Elternhaus von Dörte Hansen, der Autorin des Bestsellers *Altes Land*, wurde Plattdeutsch gesprochen. Hochdeutsch lernte sie erst in den Grundschule.

Vorbild für Astrid Lindgrens lebensfrohen und anarchistischen Rotschopf Pippi Langstrumpf war Anne Shirley, die Heldin aus dem Roman *Anne auf Green Gables* der amerikanischen Autorin Lucy Maud Montgomery.

Um einen Buchstaben für den Druck – eine Type – zu gießen, braucht es eine Matrize, die als eine Art Backform für den Buchstaben dient.

1987 reiste die spätere Nobelpreisträgerin Herta Müller aus Rumänien nach Westdeutschland, wurde jedoch in der Landesaufnahmestelle für Aussiedler gründlich durchleuchtet, weil sie für eine Agentin gehalten wurde.

Als »Lex Buck« wird die inoffizielle Regelung bezeichnet, den Literaturnobelpreis nur an Autoren zu vergeben, die vorher schon einmal dafür nominiert waren. Auf diese Art will man verhindern, dass Autoren, die vermeintlich triviale Literatur schreiben, »aus Versehen« den Literaturnobelpreis bekommen. So wie Pearl S. Buck.

Weil der Arzt und Psychiater Heinrich Hoffmann zum Weihnachtsfest 1844 kein geeignetes Buch für seinen dreijährigen Sohn finden konnte, schrieb und malte er ihm einfach selbst eines: *Der Struwwelpeter.*

Die Heilige Wiborada ist die Schutzpatronin der Bücherfreunde. Ihr Gedenktag ist der 2. Mai.

Im März 2001 wurde ein am 10. August 1991 entdeckter Asteroid nach dem italienischen Dichter Francesco Petrarca benannt.

Mit dem Beginn der Corona-Pandemie im Frühjahr 2020 stiegen auch die Verkaufszahlen für Albert Camus' Roman *Die Pest* rapide an.

In seinen *Lectures on Literature* setzte sich der russisch-amerikanische Schriftsteller und *Lolita*-Autor Vladimir Nabokov unter anderem mit Jane Austens *Mansfield Park* auseinander. Wer Lolita war? Das verrät schon der erste Satz von Nabokovs Roman: »Lolita, Licht meines Lebens, Feuer meiner Lenden.«

In den 1920er Jahren setzten kommunistische Verbände auf das sogenannte Agitprop-Theater, das betont laienhaft und unter der Verwendung von (Mitmach-)Gesängen die kommunistische Lehre unters Volk bringen sollte.

Ein ganz schön aussagekräftiger Gedankenstrich findet sich in Heinrich von Kleists Novelle *Die Marquise von O,* wo es heißt: »[Er] führte sie […] in den anderen, von der Flamme noch nicht ergriffenen, Flügel des Palastes, wo sie auch völlig bewußtlos niedersank. Hier – traf er, da bald darauf ihre erschrockenen Frauen erschienen, Anstalten, einen Arzt zu rufen […]« Interpreten gehen davon aus, dass an der Stelle mit dem Gedankenstrich die besagte Dame, wie es am Anfang der Novelle von 1808 heißt, »ohne ihr Wissen, in andre Umstände gekommen sei«. Nun gut ... Als Schülerin bin ich jedenfalls nicht auf diese Interpretation gekommen ...

In jungen Jahren verband den Skeptiker und Philosophen Michel de Montaigne eine enge Freundschaft mit seinem Kollegen Étienne de La Boétie, dessen frühen Tod er sein Leben lang betrauerte.

Die US-amerikanischen Autoren Paul Auster und Siri Hustvedt sind seit 1982 verheiratet.

Bevor die *Tribute-von-Panem*-Schöpferin Suzanne Collins Romanautorin wurde, schrieb sie Texte für Kinderserien für den privaten US-Fernsehsender Nickelodeon.

Jane Austen starb im Alter von gerade einmal 40 Jahren. Wissenschaftler gehen davon aus, dass sie an einer Nebennierenrindeninsuffizienz litt – eine Krankheit, die damals noch nicht bekannt war.

Johann Wolfgang von Goethe war nicht unumstritten. Der um 1800 geborene Literaturkritiker Wolfgang Menzel schrieb, Goethe sei allenfalls ein Talent – kein Genie. Und der Journalist und Wegbereiter des Feuilletons Ludwig Börne warf Goethe Zeit seines Lebens vor, politisch nicht so aktiv gewesen zu sein, wie er es in seiner Stellung hätte sein können.

In der *Berner Übereinkunft zum Schutze von Werken der Literatur und Kunst* von 1886 wurde zum ersten Mal das Urheberrecht zwischen souveränen Nationen anerkannt. Also haben's mal wieder die Schweizer erfunden? Nein – treibende Kraft dahinter war der französische Schriftsteller Victor Hugo.

Zelda Fitzgerald, Autorin, Malerin, Verkörperung des »flapper girls« und Frau von F. Scott Fitzgerald, starb bei einem Brand in einer psychiatrischen Klinik. Weil Türen und Fenster verriegelt waren, konnte sie den Flammen nicht entkommen.

1937 ging Ernest Hemingway als Kriegsberichterstatter in das vom Bürgerkrieg geplagte Spanien. Seine Sympathien galten den Liberalen.

H. G. Wells *Krieg der Welten* wurde 1938 unter anderem von Orson Welles als fiktive Radioreportage inszeniert. Angeblich hielten viele Zuhörer das berichtete Geschehen für real und ergriffen die Flucht.

Am 2. Januar feiern die USA den nationalen Science-Fiction-Tag.

Die Lyrikerin und Nobelpreisträgerin Nelly Sachs erwähnte in ihren Gedichten immer wieder einen von ihr geliebten Mann, der im Konzentrationslager umgekommen sei. Um wen es sich genau dabei handelte, wurde nie aufgedeckt.

1975 zierte Goethes Konterfrei die 20-Mark-Banknote der DDR.

Helen Fieldings *Bridget Jones – Schokolade zum Frühstück* wurde inspiriert von Jane Austens *Stolz und Vorurteil*. Nicht ohne Grund heißt Fieldings Protagonist Mark Darcy.

Die Écriture automatique meint eine Form des Schreibens, bei der das Innenleben möglichst ungefiltert und ohne Eingreifen des Vernunft-Ichs zu Papier gebracht werden soll.

Der Begriff Cyberspace wurde nicht etwa von Wissenschaftlern »erfunden«, sondern ist eine Wortneuschöpfung des US-amerikanischen Science-Fiction-Autors William Gibson. Er verwendete das Wort in seinem 1984 erschienenen Roman *Neuromancer*.

Zweimal traf Goethe Napoleon persönlich (Napoleon sprach ihn dabei unter anderem auf den *Werther* an, den er auch gelesen hatte) – und bewahrte sich Zeit seines Lebens eine besondere Faszination für den Korsen.

Nach dem deutschen Schriftsteller und Revolutionär Georg Büchner, der 1937 im Alter von gerade einmal 23 Jahren verstarb, ist der heute renommierteste Literaturpreis im deutschsprachigen Raum benannt: der Büchner-Preis. Er wurde bereits 1923 gestiftet – allerdings von Hessen nur an verdiente Hessen vergeben. Ein allgemeiner Literaturpreis wurde der Büchner-Preis erst 1951.

Für *Die Verfolgung und Ermordung Jean Paul Marats, dargestellt durch die Schauspielgruppe des Hospizes zu Charenton unter Anleitung des Herrn de Sade* von 1964 wurde der deutsch-schwedische Schriftsteller Peter Weiss 1966 mit dem Tony Award für das beste Theaterstück ausgezeichnet.

Den Tag des Tagebuchs feiern wir im deutschsprachigen Raum am 12. Juni – dem Geburtstag der ganz besonderen Tagebuchschreiberin Anne Frank.

Tennessee Williams hieß eigentlich Thomas Lanier Williams III. Seine Kommilitonen am College fanden jedoch, dass sich sein Dialekt nach Tennessee anhöre.

Graue Literatur ist keine Literatur im eigentlichen Sinne, sondern meint die Vielzahl an amtlichen Schriften, Firmenbroschüren et cetera, die außerhalb des kommerziellen Buchhandels kursieren.

Die meisten seiner James-Bond-Abenteuer schrieb der britische Autor Ian Fleming auf einer vergoldeten Royal-Quiet-Deluxe-Schreibmaschine.

Hugo von Hofmannsthal promovierte »Über den Sprachgebrauch bei den Dichtern der Pléjade«.

Bei der visuellen Dichtung geht es nicht allein darum, was mit Worten und Sprache gesagt wird, sondern auch darum, welches Bild dadurch entsteht. Ein Beispiel: *Der Trichter* von Christian Morgenstern von 1905.

Inspiriert von der Verfilmung von Erich Maria Remarques *Im Westen nichts Neues* schrieb Elton John 1982 das Anti-Kriegs-Lied *All Quiet on the Western Front*.

Der *Gott bewahre*-Autor John Niven war früher Manager beim Plattenlabel London Records. Coldplay lehnte er damals ab – er bezeichnete die Band als »Radiohead für Trottel«.

Einen Tag vor der Uraufführung seines Kriegsheimkehrerdramas *Draußen vor der Tür* am 21. November 1947 starb Wolfgang Borchert im Alter von nur 26 Jahren.

In der Nacht vom 25. auf den 26. September 1973 schlief die österreichische Schriftstellerin Ingeborg Bachmann offenbar beim Rauchen ein. Die Folge: ein schwerer Wohnungsbrand, bei dem sie sich schwere Verletzungen zuzog, denen sie am 17. Oktober 1973 erlag.

In der Rahmenerzählung des *Dekameron* von Giovanni Boccaccio aus dem 14. Jahrhundert fliehen sieben Frauen und drei Männer vor der Pest aus Florenz und erzählen sich in einem Landhaus über zehn Tage hinweg 100 Geschichten.

In Bosnien war die Mutter des Bestsellerautors Saša Stanišić Politikprofessorin – nach ihrer Flucht vor dem Bosnienkrieg nach Deutschland arbeitete sie in einer Wäscherei.

Der Symbolist und Lyriker Stefan George unterschied Künstler in »Urgeister« und »abgeleitete Wesen«. Letztere könnten nichts aus sich heraus schaffen und seien auf den Einfluss der Urgeister angewiesen. Als was er sich selbst wohl sah?

Als geheimer Legationsrat und Berater des Herzogs verdiente Goethe 1776 1200 Taler pro Jahr.

In einer Doppelfolge in der 28. Staffel der *Simpsons* wurde die Handlung von *Der große Gatsby* ins Bling-Bling-Milieu übertragen.

Der Vater des französischen Dramatikers Molière hatte das edle Amt des königlichen Dekorateurs und Raumausstatters inne.

Die Kurzgeschichtenautorin Dorothy Parker betrachtete ihr Leben als verfehlt, weil sie es nie zu einem »großen« Werk, also einem Roman oder einem Broadway-Erfolg, gebracht hatte.

In 80 Tagen um die Welt – diese Wette wurde am 2. Oktober (und zwar des Jahres 1872) abgeschlossen. Entsprechend feiern wir an diesem Datum den Tag der Phileas-Fogg-Wette. Der 21. Dezember ist übrigens der Tag der gewonnenen Phileas-Fogg-Wette. Phileas Fogg nahm sich 1889 auch die 25-jährige Journalistin Nellie Bly zum Vorbild. Sie schaffte die Reise um die Welt sogar in 72 Tagen, sechs Stunden, elf Minuten und 14 Sekunden.

Schon weit vor Johannes Gutenberg wurde in Asien mit beweglichen Lettern, also Buchstaben, gedruckt. Die Technik wurde jedoch nicht weiterverfolgt.

Im Computerspiel *StarCraft* wurde eine mit Flammenwerfern ausgerüstete Infanterieeinheit nach Guy Montag, dem Helden des Romans *Fahrenheit 451*, benannt.

In seinem Essay *Der Mythos von Sisyphos* von 1942 kommt der französische Existentialist Albert Camus zu dem Ergebnis, die einzige Möglichkeit, der Absurdität des Daseins zu begegnen, sei, sich Sisyphos, der tagtäglich völlig stupide einen Felsen den Berg hinaufrollt – nur um das Gleiche am nächsten Tag wieder zu tun –, glücklich vorzustellen. Puh, ganz schön schwieriger Satz. Ist ja aber auch eine schwierige

Sache ... Vielleicht könnte uns Uwe Timm mehr dazu erzählen. Er schrieb nicht nur 1993 über *Die Entdeckung der Currywurst*, sondern promovierte auch über »Das Problem der Absurdität bei Albert Camus«.

Schon im Mittelalter gab es den Trend zu Fan-Fiction und Spin-offs. Ein Beispiel ist der Schwank *Tristan als Mönch*, das den unvollendeten *Tristan* von Gottfried von Straßburg zu einem guten Ende bringt.

Victor Hugos Versdrama *Cromwell* von 1827 war mit fast 7000 Versen mehr oder weniger unspielbar. Sein Vorwort, in dem Hugo mit den Prinzipien der französischen Klassik bricht, wurde jedoch zum Manifest der Romantik.

Mary Shelley war gerade einmal 19 Jahre alt, als sie ihr Meisterwerk *Frankenstein* schrieb.

In Frank Wedekinds Tragödie *Der Erdgeist* vermählt Dr. Schön Lulu, die er von der Straße geholt und zu seiner Geliebten gemacht hat, mit einem anderen Mann, um selbst eine vorteilhaftere Partie zu machen.

Die erste Leserevolution fand Ende des 18. Jahrhunderts statt – sie war eine qualitative Revolution. Statt Katechismus & Co. las das Bürgertum nun Zeitschriften, Reiseberichte und vieles mehr. Die zweite Leserevolution Ende des 19. Jahrhunderts war eher quantitativer Natur: Es wurde einfach mehr gelesen. Sehr viel mehr. Möglich wurde das durch die Erfindung der Rotationsdruckmaschine. Von 1838 bis 1901 stieg die Zahl der jährlich produzierten Titel von 10.000 auf 25.000.

Die japanische Gedichtanthologie *Man'yōshū* (*Sammlung der zehntausend Blätter*), die vermutlich um 759 entstand, enthält »nur« 4496 Gedichte.

Möchtegernschriftsteller Snoopy beginnt seine literarischen Entwürfe immer mit dem Satz: »Es war eine dunkle und stürmische Nacht …« Mit diesem Satz beginnt auch Edward Bulwer-Lyttons Roman *Paul Clifford* von 1830.

*Simplicissimus*, der Titel der satirischen Wochenzeitschrift, die vom 4. April 1896 bis zum 13. September 1944 erschien, ist eine Steigerungsform des lateinischen Begriffs »simplex« für »der Einfältige«. Simplicissimus bedeutet entsprechend »der Einfältigste«. Es gibt in der deutschen Literatur noch einen anderen wichtigen Simplicissimus: Simplicissimus Teutsch aka Melchior Sternfels von Fuchshaim in Hans Jakob Christoffel von Grimmelshausens barockem (Abenteuer-, Bildungs-, Schelmen-?) Roman *Der Abentheuerliche Simplicissimus Teutsch* von 1668.

Der Urgroßvater von Kevin Kwan, Autor von *Crazy Rich Asians* aus dem Jahr 2013, hat die älteste Bank Singapurs gegründet.

Der am 6. Mai 1871 geborene deutsche Dichter Christian Morgenstern ist vor allem für seine komischen Gedichte bekannt, zum Beispiel über seine Kunstfigur Palmström, der von einem Auto überfahren wird, die rechtliche Lage prüft und schließlich zu dem Ergebnis kommt: »Nur ein Traum war das Erlebnis./Weil, so schließt er messerscharf,/nicht sein kann, was nicht sein darf!«

Die altjüngferliche – und auch ziemlich altkluge – Miss Marple hatte ihren ersten Auftritt 1930 in Agatha Christies Roman *Mord im Pfarrhaus*.

Dem Journalisten Larry King gegenüber gestand Mario Puzo, er habe seinen Welterfolg *Der Pate* nur aus finanziellen Gründen geschrieben.

Auf den Dichter, Maler und Scherzkeks Joachim Ringelnatz geht folgende herrliche Liebeserklärung aus dem Jahr 1928 zurück: »Ich habe dich so lieb!/Ich würde dir ohne Bedenken/Eine Kachel aus meinem Ofen/Schenken.«

Im Zentrum von André Bretons 1928 verfasstem surrealistischem Roman *Nadja* steht eine junge Frau – die Inkarnation des Surrealistischen –, die am Ende in der Psychiatrie landet.

Francesco Petrarcas Besteigung des Mont Ventoux am 26. April 1336 markiert den Übergang von einer jenseitsgerichteten Sicht der Welt hin zu einer radikalen Subjektivität. Überspitzt gesagt beginnt mit dieser Bergtour die Moderne.

Die zerbrechlich-schöne Halbweltdame, in die sich Alexandre Dumas' Held Armand Duval im Roman *Die Kameliendame* aus dem Jahr 1948 unsterblich verliebt, heißt Marguerite Gautier.

Samisdat-Literatur ist jene nicht systemkonforme Literatur, die im Ostblock nicht offiziell, sondern im Selbstverlag herausgebracht und unter der Hand verkauft wurde.

Wenn der Barockdichter Andreas Gryphius in seinem wohl bekanntesten Gedicht von 1658 schreibt, dass alles »eitel« ist, dann meint er damit nicht die Eitelkeit, wie wir sie heute kennen. Er will vielmehr damit sagen, dass alles »vergänglich« ist: »Wo itzund Städte stehn, wird eine Wiesen seyn.«

Unter »Spiel im Spiel« oder »Stück im Stück« versteht man ein Theaterstück, das in einem Theaterstück vorgeführt wird, zum Beispiel das Stück *Pyramus und Thisbe,* das in Shakespeares *Sommernachtstraum* aufgeführt wird.

Pippi Langstrumpf heißt mit vollständigem Namen Pippilotta Viktualia Rollgardina Pfefferminz Efraimstochter Langstrumpf.

Gerhart Hauptmanns naturalistisches Drama *Die Weber* verfasste dieser 1891 zunächst in schlesischem Dialekt. Der Titel des Stücks lautete *De Waber.*

Die meisten Buchverlage in Deutschland gibt es mit 152 in Berlin, auf Platz 2 folgt München mit 107 Verlagen.

Der venezianische Schwerenöter Giacomo Casanova schrieb die *Geschichte meines Lebens* auf Französisch – 2010 brachte der Verkauf der Handschrift aus dem 18. Jahrhundert übrigens 7,2 Millionen Euro ein.

Spoiler-Alarm: Die erste Ehefrau von Maxim de Winter in Daphne du Mauriers *Rebecca* war nicht etwa schwanger, sondern hatte Krebs und beging deshalb Selbstmord.

Am 21. April feiern die USA den Tag der langen Wörter und Begriffe. Was war das längste Wort im Duden noch mal? Rinderkennzeichnungsfleischetikettierungsüberwachungsaufgabenübertragungsgesetz … nicht sehr literarisch.

Heute eine Selbstverständlichkeit, damals eine Besonderheit: Die aus dem 14. Jahrhundert stammenden englischen *Canterbury Tales* sind anstelle der damals für Literatur üblichen französischen oder gar lateinischen Sprache auf Englisch abgefasst.

Niemand weiß, wie das *Nibelungenlied* gesungen werden muss. Die Melodie ist unbekannt und der Rhythmus nur im Ansatz rekonstruiert.

In Deutschland gilt die Buchpreisbindung, das heißt: Verlage dürfen die Preise ihrer Bücher, einmal festgelegt, nicht willkürlich ändern.

Hinter dem Begriff »Sprachpurismus« verbirgt sich das Bestreben, die deutsche Sprache von fremdländischen Einflüssen zu bereinigen. Das ist kein neuer Trend, sondern nimmt seine Anfänge schon im 17. Jahrhundert. So schlug der in Dessau geborene Philipp von Zesen zum Beispiel das deutsche Wort »Jungfernzwinger« für Nonnenkloster und »Meuchelpuffer« für Pistole vor. Da hat er keinen so guten Job gemacht, oder?

Im Gegensatz zur Fußnote steht die Endnote nicht am Fuß einer Seite, sondern am Ende eines Kapitels – oder ganz hinten im Buch.

Ohne den Buchdruck, der die schnelle Vervielfältigung und damit Verbreitung von Informationen erst möglich machte

(schreib einer mal 300 Handschriften an einem Tag!), wäre
die Reformation nicht möglich gewesen.

In ihrem Buch *De l'Allemagne* bezeichnete die französische
Schriftstellerin Madame de Staël Goethe als exemplarische
Figur der deutschen Dichtung. Möglicherweise wurde sie in
ihrer Einschätzung beeinflusst von ihrem engen Vertrauten,
dem Literaturhistoriker August Wilhelm von Schlegel.

Das Buch 2.0 ist nicht etwa das E-Book, sondern das Literary Roleplaying Game (Lit RPG), bei dem eine romanhafte
Handlung mit einem Online-Rollenspiel verquickt wird.

Der Nürnberger Meistersinger Hans Sachs war nicht nur
Dichter, sondern auch Schuhmacher.

138 Miniaturen illustrieren in dem um und nach 1300 entstandenen *Codex Manesse* höfische Aktivitäten oder bekannte
Stellen aus den Texten berühmter Dichter. Fachleute nennen das Buch übrigens nur *C.* Mega lässig, oder?

Weil's vorhin schon so lustig war, noch ein paar Vorschläge der Sprachpuristen: Joachim Heinrich Campe – ja, der von dem Verlag – schlug um die Wende vom 18. zum 19. Jahrhundert »Dörrleiche« für Mumie oder »Zwangsgläubige« für Katholiken vor. Erfolgreicher war er mit seinem Vorschlag »Hochschule« für Universität, und manchmal ist »Stelldichein« doch viel schöner als Rendezvous. Wobei … das heißt heute ja »Date«. Paradoxerweise waren die Nazis nicht ganz so puristisch unterwegs – sie hatten Angst, dadurch rückständig zu wirken. Das hielt sie nicht davon ab, »völkisch« statt national zu verwenden. Und heutzutage sprechen rechtsextreme Kreise gern mal vom »Weltnetz« statt vom Internet.

Erich Kästners *Das fliegende Klassenzimmer* wurde 1973 in Bamberg verfilmt. Der Tolle Hund, in dem der Nichtraucher Klavier spielt, ist eigentlich das Schlenkerla, eine Bamberger Brauereigaststätte.

28,8 Millionen Menschen haben 2019 in Deutschland mindestens ein Buch gekauft.

Ernest Hemingway meldete sich im Ersten Weltkrieg mit nicht einmal 18 Jahren freiwillig als Fahrer für das Rote Kreuz. Durch eine Granate wurde er schwer verwundet.

»Dû bist mîn, ich bin dîn:/des solt dû gewis sîn« ist der Anfang eines Sechszeilers und des ersten überlieferten deutschen Gedichts, das sich am Ende eines lateinischen Liebesbriefs fand.

Der russisch-amerikanische Schriftsteller Vladimir Nabokov versuchte während der Arbeiten an *Lolita,* das Manuskript zu verbrennen. Glücklicherweise schritt seine Frau ein. Hatten wir das nicht schon mal?

1982 versuchte sich Woody Allen mit seinem Film *Eine Sommernachts-Sexkomödie* an einer modernen Adaption von Shakespeares *Ein Sommernachtstraum.* Mia Farrow wurde für ihre Rolle der Ariel Weymouth für die Goldene Himbeere nominiert.

Der britische Autor Nick Hornby ist glühender Anhänger des FC Arsenal aka Arsenal London. Dieser Leidenschaft setzte er mit seinem Erstling *Fever Pitch* ein Denkmal. Der Film wurde 1997 mit Colin Firth verfilmt. Colin Firth ist übrigens auch derjenige, der in der Verfilmung von *Stolz und Vorurteil* Mr Darcy spielt, ebenso wie Mark Darcy in *Bridget Jones – Schokolade zum Frühstück* aus dem Jahr 2001.

Kanonbildung gab es schon früh, zum Beispiel im hellenistischen Alexandria, wo ein Kanon von neun Lyrikern aufgestellt wurde, die eines Studiums würdig wären. Auch mit dabei: die im 6. Jahrhundert vor Christus lebende Dichterin Sappho – als einzige Frau.

Giovanni Boccaccio und Francesco Petrarca waren sehr gute Freunde.

Der Welttag des Buches ist am 23. April. Das hat die UNESCO 1995 festgelegt. Genau genommen heißt der Tag »Welttag des Buches und des Urheberrechts«.

Alles Gute zur Hochzeit – für jedes Hochzeitspaar gab es in Nazi-Deutschland als Geschenk ein Exemplar von Hitlers *Mein Kampf.*

Am 30. September 2020 starb der argentinische Cartoonist Quino, der Schöpfer von Mafalda – Charlie Browns Schwester im Geiste –, der es auf dem Rand ihres Bettes sitzend schwerfiel, jeden Morgen auf die Erde zurückzukehren.

Das *Börsenblatt,* die Branchenzeitung für den deutschen Buchhandel, wurde 1834 ins Leben gerufen und kam zwischenzeitlich sogar täglich heraus. Heute erscheint das *Börsenblatt* wöchentlich.

In der Serie »Bedeutende Deutsche« der Deutschen Bundespost wurde Goethes Porträt Anfang der 1960er Jahre auf die 50-Pfennig-Briefmarke gedruckt.

Die ältesten und bekannten Exemplare der Papyrusrollen, wie sie die Ägypter für ihre Aufzeichnungen verwendeten, stammen aus dem 3. Jahrtausend v. Chr.

Die Moskauer Wohnung, in der der Roman *Der Meister und Margarita* von Michail Bulgakow hauptsächlich spielt – Wohnung Nr. 50 in der Sadowaja 302b –, gibt es wirklich. Bulgakow lebte dort einige Jahre selbst.

Das berühmte Jugendbuch *Die Schatzinsel* von Robert Louis Stevenson nahm seinen Anfang, als der britische Autor 1881 krank im Bett lag und seinem Stiefsohn Lloyd Geschichten erzählte. Entsprechend ist diesem das Buch auch gewidmet.

»The boy in the box« – diese Metapher verwendete die englische Schriftstellerin Daphne du Maurier für ihre unterdrückten lesbischen Neigungen.

Pro Buch soll der österreichische Schriftsteller Johannes Mario Simmel eine Schreibmaschine verschlissen haben.

Auch heute erreichen Bücher in den seltensten Fällen Millionenauflagen, dennoch erscheinen die Auflagen früherer »Bestseller« aus heutiger Sicht geradezu lächerlich klein. Von Klopstocks *Die deutsche Gelehrtenrepublik* wurden 1774 zum Beispiel nur 6000 Exemplare gedruckt – und das galt als sehr, sehr viel.

Einige auf geradezu winzigen Blättern handschriftlich verfasste Erzählungen von Charlotte Brontë wurden 2012 für 690.000 Pfund versteigert.

Das *Ezzolied* über das Leben Christi entstand vermutlich um 1060 in Bamberg und wurde dann auf einer Pilgerreise des Bischofs Gunther von Bamberg nach Jerusalem gesungen.

Statt ihres wirklichen Namens stand auf Jane Austens Romanen zeitlebens immer nur der Hinweis »by a lady«.

Von wegen Tag der Arbeit! Der 1. Mai ist der Tag des *Batman*-Debüts. Wobei die 27. Ausgabe der *Detective Comics* schon am 30. März 1939 erschien, allerdings auf Mai datiert wurde.

Die Casa di Dante, die heute von Touristen in Florenz, der Geburtsstadt von Dante Alighieri, besichtigt werden kann, hat baulich nichts mit dessen Geburtshaus zu tun. Sie steht allenfalls etwa am selben Ort.

Lüshi ist eine chinesische Gedichtform.

Der Film *Independence Day* von Regisseur Roland Emmerich aus dem Jahr 1996 orientiert sich stark an H. G. Wells 1898 erschienenem Roman *Krieg der Welten*.

Der 8. Oktober ist der Welttag der Buchhandlungen. Wann warst du zuletzt in einer? Wird mal wieder Zeit, oder?

Der griechische Dichter Anakreon, der um 500 v. Chr. gelebt hat, kann stolz auf sich sein. Nach ihm wurde eine lyrische Stilrichtung benannt: die Anakreontik, bei der sich – platt ausgedrückt – alles um Wein, Weib und Gesang dreht. Ein literarisches Genre etabliert hat auch der englische Schriftsteller Daniel Defoe mit seinem *Robinson Crusoe* von 1719: die Robinsonade, die ein unfreiwilliges Ausgesetzsein auf einer Insel zum Thema hat. *Herr der Fliegen* von William Golding aus dem Jahr 1954 ist zum Beispiel eine Robinsonade.

*Poems and Problems* lautet der Titel eines Buchs, in dem der russisch-amerikanische Autor Vladimir Nabokov 53 Gedichte und 18 Schachprobleme veröffentlichte. Yeah – für jeden was dabei …

Was macht man, wenn es im November draußen nebelig, kalt und furchtbar ungemütlich ist? Richtig: lesen! Noch besser: vorlesen – und zwar am bundesweiten Vorlesetag, der immer am dritten Freitag im November stattfindet.

Als 15-Jährige verfasste Jane Austen eine *Geschichte Englands*, in der sie sich über die damalige Geschichtsschreibung lustig machte.

Der Jambus ist ein Versfuß. Er besteht aus einer unbetonten und einer betonten Silbe im Wechsel. Vereinfacht lässt sich sagen, dass sich jambische Verse durch eine gewisse Leichtigkeit auszeichnen. Ich sage nur: »Ein Mops kam in die Küche …« Beim Trochäus ist es umgekehrt. Das heißt nicht, dass ein Gedicht im Trochäus gleich total deprimierend sein muss. Aber es kommt schon getragener daher: »Freude, schöner Götterfunken …« Und jetzt aufgepasst: Ein Alexandriner ist ein sechshebiger jambischer Reimvers, man geht also pro Zeile sechs Mal mit der Stimme hoch. Zum Beispiel so: »Was dieser heute baut, reißt jener morgen ein«. War sehr beliebt im Barock.

Alexandre Dumas der Jüngere war das uneheliche Kind des *Die drei Musketiere*-Autors mit einer Näherin. Er und Jules Ver-

ne, ein Protegé seines Vaters, waren gute Freunde. Dumas'
Roman *Die Kameliendame* wurde 1936 mit Greta Garbo in
der Hauptrolle verfilmt. Insgesamt wurde der Stoff in über
20 Kinofilmen adaptiert. Für die französische Theaterschau-
spielerin Sarah Bernhardt wurde die Kameliendame zur
Rolle ihres Lebens. Nachzulesen übrigens im *Lucky Luke*-Al-
bum 35, wo der »poor lonesome cowboy« die Diva auf ihrer
Tournee durch Amerika begleitet. Bernhardt übernahm übrigens auch die Rolle im Stummfilm von 1911.

61,3 Prozent aller Übersetzungen ins Deutsche sind Übersetzungen aus der englischen Sprache. Danach folgt Französisch und danach … Japanisch! Die Mangas?

Der Roman *Großmüthiger Feldherr Arminius* des Barockdichters Daniel Casper von Lohenstein hat 3100 Seiten.

Beim jährlichen Bulwer-Lytton Fiction Contest geht es darum, sich den schlechtestmöglichen Anfangssatz für einen
Roman auszudenken.

Die Homerische Frage ist eine Fragestellung der klassischen
Philologie, die darauf abzielt, ob es Homer überhaupt gab

beziehungsweise ob die *Ilias* und die *Odyssee* womöglich das Gemeinschaftswerk mehrerer Dichter sind.

Die kurz nach der Erfindung des Buchdrucks um 1450 bis 1500 gedruckten Bücher werden Wiegendrucke genannt. Nicht weil hier irgendetwas hin und her wiegt oder wogt, sondern weil der Buchdruck selbst in dieser Zeit noch in der Wiege lag.

Seine Kollegen schrieben viel über den wichtigsten deutschsprachigen Lyriker des Mittelalters, Walther von der Vogelweide. Offiziell Erwähnung findet er nur in den Aufzeichnungen des Passauer Bischofs Wolfger von Erla, der ihm offenbar fünf Schilling für einen Pelzmantel gegeben hat.

Vor ihrer Autorentätigkeit war Cornelia Funke als studierte Diplompädagogin unter anderem als Erzieherin auf einem Bauspielplatz tätig. Übrigens: Auch Kerstin Gier hat einen Abschluss als Diplompädagogin. Astrid Lindgren machte zumindest ein Volontariat bei einer Zeitung, arbeitete zwischenzeitlich jedoch auch als Sekretärin im Königlichen Automobil-Club.

»For sale: baby shoes, never worn«, so lautet die kürzeste jemals geschriebene (bekannte) Kurzgeschichte. Der Autor: Ernest Hemingway. Er wettete bei einem Essen mit Freunden, er könne eine Geschichte mit nur sechs Worten schreiben, kritzelte diese auf eine Serviette – und gewann von jedem 10 US-Dollar.

Die drei Brontë-Schwestern Emily, Anne und Charlotte brachten unter den männlichen Pseudonymen Ellis, Acton und Currer Bell 1846 einen Gedichtband heraus, der sich jedoch als Ladenhüter erwies.

Auch im Jahr 2020 fand die Frankfurter Buchmesse statt – trotz Corona-Pandemie. Wie gewohnt im Oktober, genauer: vom 14. bis zum 18. Oktober, allerdings größtenteils in digitaler Form.

In der US-amerikanisch-italienischen Verfilmung von *Krieg und Frieden* aus dem Jahr 1956 spielte Audrey Hepburn die Rolle der Natascha Rostowa.

Das *Nibelungenlied* wurde in um die 37 deutschen Handschriften überliefert und besteht aus über 2300 Strophen. Es gibt auch eine niederländische Fassung.

An seiner Roman-Tetralogie *Joseph und seine Brüder* schrieb Thomas Mann 16 Jahre lang. Die Arbeit an den Büchern gab ihm Halt in der Zeit des Zweiten Weltkriegs.

Der Palmenorden, auch bekannt als Fruchtbringende Gesellschaft, war die erste deutsche Sprachakademie (ausschließlich Männern vorbehalten) – und mit fast 900 Mitgliedern auch die größte. Er wurde am 24. August 1617 gegründet und hatte unter anderem das Ziel der Beförderung der deutschen Sprache. Seit 2007 gibt es in Köthen eine Neue Fruchtbringende Gesellschaft. Im Gegensatz zu ihrer Vorläuferin dürfen hier jedoch sehr wohl Frauen mitmachen. Die erste Vorsitzende ist die Computerlinguistin Uta Seewald-Heeg.

Der Knittelvers wurde nicht, wie fälschlicherweise gerne behauptet wird, nach dem Zisterzienserabt Benedikt Knittel benannt. »Knittel« bedeutete im Frühneuhochdeutschen schlicht »Reim«. Hugo von Hofmannsthals Mittelalterdrama *Jedermann* ist nur in Knittelversen abgefasst – es soll schön altmodisch wirken.

*Die neuen Leiden des jungen W.*, der Erfolgsroman von Ulrich Plenzdorf aus den 1970er Jahren, war ursprünglich als Film gedacht, wurde jedoch von der Deutschen Film AG, kurz DEFA, abgelehnt.

Claus Schenk Graf von Stauffenberg, einer der Hitlerattentäter vom 20. Juli 1944, wurde in seinem Handeln wesentlich durch Stefan Georges Lyrik und dessen Warnung vor dem »Fürst des Geziefers« in dem Gedicht *Der Widerchrist* bestärkt – auch wenn dieses bereits aus dem Jahr 1907 stammte und sich damit nicht auf Adolf Hitler beziehen konnte.

*Absurda Comica oder Herr Peter Squenz* gehört zu den meistgelesenen und -gespielten deutschen Barockkomödien. Das »Schimpfspiel« von Andreas Gryphius beschreibt die arg stümperhaften künstlerischen Bemühungen einer Handwerkertheatergruppe um Peter Squenz.

*Die Zeitreise* von H. G. Wells von 1895 war das allererste Buch, das eine Reise durch die Zeit mithilfe einer Maschine beschrieb.

Der Fantasy-Roman *Der Fall Jane Eyre* von Jasper Fforde aus dem Jahr 2001 spielt in einem Buch. Die Agentin des Special Operations Network (SpecOps) Thursday Next taucht in die Welt von *Jane Eyre* ein und versuct die von einem Bösewicht bedrohte Handlung zu retten.

Unter Tagelied versteht man eine mittelhochdeutsche Liedform, bei der das Scheiden zweier Liebenden im Morgengrauen beschrieben wird.

Das *Buch von der Deutschen Poeterey* aus dem Jahr 1624 von Martin Opitz ist die erste deutschsprachige Regelpoetik überhaupt und enthält Regeln für das korrekte Dichten in der deutschen Sprache (zum Beispiel hasste er unreine Reime!). Vorher hatte man das ja vor allem auf Latein gemacht.

19 Prozent aller Auslandslizenzen gingen 2019 nach China – kein anderes Land kaufte mehr deutsche Buchlizenzen. Russland folgte auf Platz 2 mit 8,5 Prozent der Lizenzen.

Seine *Essais* verfasste der Dichter und Denker Michel de Montaigne in seiner Bibliothek im Schlossturm, seinem Rückzugsort, dessen Holzbalken er mit allerlei Sinnsprüchen beschriftete, zum Beispiel: »Das Leben, ohne zu denken, ist leicht, denn Nichtdenken ist eine schmerzlose Krankheit.«

Das *Exeter Book* stammt aus dem 10. Jahrhundert und enthält unter anderem über 90 Rätsel, die zum Teil nicht gelöst sind.

In ihrem einzigen Roman *Die Glasglocke* beschreibt Sylvia Plath eine junge Frau, die das Gefühl hat, den Anforderungen der Gesellschaft nicht gerecht zu werden, und schuf so ein Kultbuch für viele Frauen. Vier Wochen nach dem Erscheinen des Romans, am 11. Februar 1963, beging sie Selbstmord.

Der tschechische Schriftsteller Jaroslav Hašek und geistige Vater des braven Soldaten Schwejk, eines wahren Schelms, war 1911 Mitbegründer der satirischen Partei für gemäßigten Fortschritt in den Schranken der Gesetze, die all ihren Wählern ein Taschenaquarium versprach.

Der um 1300 entstandene *Codex Manesse* musste für eine Ausstellung im Jahr 2006 für 50 Millionen Euro versichert werden. Beim nächsten Ausflug 2020 waren es sogar 80 Millionen Euro Versicherungssumme.

Am 14. Februar 1989 verhängte der iranische Staatschef Khomeini ein Todesurteil über Salman Rushdie – wegen seines angeblich gegen den Islam, Mohammed und den Koran gerichteten Romans *Die satanischen Verse*. Das Kopfgeld beträgt inzwischen vier Millionen US-Dollar.

*Sturmhöhe* von Emily Brontë, das heute als echter britischer Klassiker gilt, wurde zum Zeitpunkt seines Erscheinens, Mitte des 19. Jahrhunderts, vom Publikum abgelehnt.

Während der Nürnberger Prozesse waren unter anderem auch die beiden US-amerikanischen Schriftsteller John Steinbeck und Ernest Hemingway auf der Pressetribüne anwesend. Monatelang lebten sie mit anderen Kollegen auf Schloss Stein, dem Familiensitz der Grafen Faber-Castell, in einer sehr beengten »Journalisten-WG«.

Leiche – das ist im Mittelalter der Plural von Leich, einer der Haupttypen der Lieddichtung des Mittelalters, der sich unter anderem durch seine Länge auszeichnet. Auf stolze 900 Verse bringt es der längste bekannte Leich.

Als Student war *Sakrileg*-Autor Dan Brown Mitglied des Amherst College Glee Clubs, eines Männerchors, mit dem er unter anderem in Wien, Paris, Tokio und Neu-Delhi auftrat.

Indem Simone de Beauvoir in ihrem feministischen Grundlagenwerk *Das andere Geschlecht* klar zwischen biologischem und kulturell beziehungsweise sozial geprägtem Geschlecht unterschied, legte sie den Grundstein für die heutige Genderforschung.

Am 22. und 23. April 1983 kam es zur zweiten Berliner Begegnung zwischen Schriftstellern und Wissenschaftlern aus Ost und West in der Akademie der Künste. Der erste Berliner Begegnung hatte am 13. und 14. Dezember 1981 stattgefunden. Anstoß dazu gegeben hatte der DDR-Schriftsteller Stephan Hermlin.

Der deutsche Komiker und Dichter Heinz Erhardt lernte seine Frau Gilda Zanetti in einem Aufzug kennen.

Etwa 6000 der 72.000 Beiträge in der im Zeitalter der Aufklärung entstandenen *Enzyklopädie oder ein durchdachtes Wör-*

*terbuch der Wissenschaften, Künste und Handwerke* stammen von Multitalent Denis Diderot.

Ab 1978 veröffentlichte das Feuilleton der Wochenzeitung *Die Zeit* über zwei Jahre hinweg wöchentlich eine Rezension zu einem Werk der Weltliteratur. Das erste Buch, das dort besprochen wurde, war die Bibel.

Mehr als 700 Bücher und 10.000 Kurzgeschichten – das war der unglaubliche Output der britischen Autorin Enid Blyton. Und wer kennt ihre Figuren nicht? Hanni und Nanni, Dolly oder auch Julian, Dick, Anne, George und Timmy der Hund – kurz gesagt: *Die fünf Freunde.*

*Neunanddreißigneunzig,* der Titel des konsumkritischen Romans von Frédéric Beigbeder, war auch der Preis der Hardcover-Ausgabe: 39,90 DM.

Das christliche Erbauungsbuch *Pilgerreise zur seligen Ewigkeit* des englischen Predigers John Bunyan von 1678 wurde in 200 Sprachen übersetzt.

Statt am Computer schreibt der US-amerikanische Autor John Irving lieber an seiner Schreibmaschine, einer IBM Selectric.

Das *Shiji* – eines der ersten Beispiele chinesischer Geschichtsschreibung aus den Jahren um 100 v. Chr. – umfasst 130 Rollen.

Möglicherweise gab es Till Eulenspiegel wirklich, zumindest finden sich Hinweise aus jener Zeit auf einen aus dem niedrigen Adel stammenden »Thile«, der wegen Straßenraubs eingesperrt wurde.

Als der französische Autor Jean-Paul Sartre 1964 den Literatur-Nobelpreis ausschlug, hielt er die Pressekonferenz dazu im berühmten Literatencafé Café de Flore ab.

Während der Flitterwochen, in denen auch Hugo von Hofmannsthal gezeugt wurde, verloren seine Eltern im Gründerkrach von 1873 ihr gesamtes Vermögen. Sein Vater musste fortan … arbeiten.

Der Barockdichter Andreas Gryphius war auch wissenschaftlich interessiert. 1658 sezierte er zum Beispiel in Breslau öffentlich eine Mumie (manchen Quellen zufolge waren es sogar zwei).

Als Assistent in der Pathologie der Westend-Klinik am Spandauer Damm in Berlin-Charlottenburg führte der Arzt und Dichter Gottfried Benn 197 Obduktionen durch.

Die um 1300 entstandene, erste überlieferte deutsche Bearbeitung des *Tristan und Isolde*-Stoffs stammt von Eilhart von Oberg. Der Versroman in mittelhochdeutscher Sprache trug den Titel *Tristant.*

Bis auf ein kurzes Intermezzo in seiner Jugend blieb der römische Dichter Horaz angeblich sein ganzes Leben lang Single.

Den Protagonisten kennt jeder, die wichtigste Person in einem Drama, aber auch in einem Roman. Doch wie heißt sein Gegner? Es ist der Antagonist. Nicht zu verwechseln übrigens mit dem Antihelden. Dieser ist zwar kein Held im altmodischen Sinne, kann aber dennoch der Protagonist eines Werkes sein. Holden Caulfield aus *Der Fänger im Roggen* ist zum Beispiel so ein Antiheld.

Im elften Roman der belgischen Schriftstellerin Amélie Nothomb, *Böses Mädchen* von 2003, begegnet die Protagonistin Blanche der begabten Christa, die für sie zu einer Art Teufel, zur – so der französische Titel – *Antéchrista* wird.

Spoiler-Alarm! Egal ob blind und verkrüppelt: Rochester bleibt für Jane Eyre, die Heldin des gleichnamigen Charlotte-Brontë-Romans, ein echter Traummann. Deshalb sagt sie am Schluss doch Ja zu ihm.

Auf stolze 25.000 paarweise gereimte Verse bringt es Wolfram von Eschenbachs *Parzival,* der zwischen 1200 und 1210 entstand.

Der kolumbianische Schriftsteller Gabriel García Márquez war mit Fidel Castro eng befreundet und überbrachte zum Teil auch Botschaften von diesem an Bill Clinton.

Cornelia Funke, die Autorin von *Tintenherz* und *Herr der Diebe,* schrieb auch Drehbücher für die ZDF-Kinderserie *Siebenstein.*

Der Name des Dorfs, in dem Annette von Droste-Hülshoffs berühmte Novelle und Milieustudie *Die Judenbuche* von 1842 spielt, lautet einfach nur B.

Der Film *Der Mann mit der eisernen Maske* von 1998 mit Leonardo DiCaprio und John Malkovich ist die Verfilmung eines Alexandre-Dumas-Romans: *Le Vicomte de Bragelonne,* der dritte Teil der Musketier-Trilogie.

Aus Hermann Hesses Roman *Demian. Die Geschichte einer Jugend* von 1919 stammt das berühmte Zitat: »Der Vogel kämpft sich aus dem Ei. Das Ei ist die Welt. Wer geboren werden will, muss eine Welt zerstören.« Dieser Vogel fliegt dann weiter zu Gott, der den Namen Abraxas trägt, nach dem die Latin-Rock-Gruppe Santana 1970 ihr zweites Album benannte. Verrückt.

Die Nazis erklärten den Juden Heinrich Heine zur Unperson. Seine *Lorelei* wurde zum Volkslied umgedeutet, dessen Verfasser man angeblich nicht kannte.

Der ehemalige Hanser-Verleger Michael Krüger schreibt auch selbst – los ging es 1976 und 1978 mit den Gedichtbänden *Reginapoly* und *Diderots Katze.*

Unter Schlüsselroman versteht man einen Roman, bei dem davon ausgegangen wird, dass er ganz klare Bezüge zur realen Welt hat. Mit dem richtigen Schlüssel »aufgeschlossen«, wird dann erkennbar, welche Personen wirklich gemeint sind.

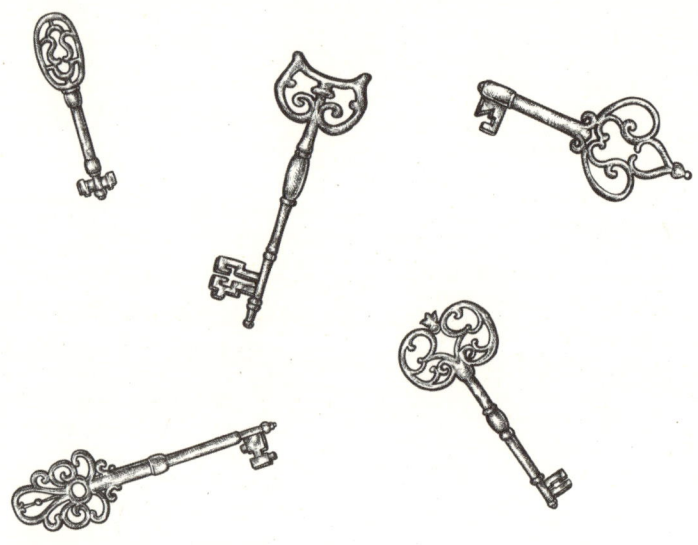

Seinen Welterfolg, den Roman *Die Kartause von Parma*, diktierte Stendhal 1838 innerhalb von nur 53 Tagen. Der Titel des Romans bezieht sich auf das Kloster, in das sich Fabrizio am Ende des Romans zurückzieht. *Die Kartause von Parma* war übrigens der einzige kommerzielle Romanerfolg zu Lebzeiten des Autors.

»Falls Freiheit überhaupt etwas bedeutet, dann bedeutet sie das Recht darauf, den Leuten das zu sagen, was sie nicht hören wollen.« George Orwells berühmtes Zitat stammt aus dem Vorwort seiner Fabel *Farm der Tiere* mit der Überschrift »The Freedom of Press«, das in vielen Ausgaben des Buchs der Zensur zum Opfer fiel.

Wie war das mit den berühmten letzten Worten? Der unter anderem für seine Kurzgeschichten berühmte englische Schriftsteller Arnold Bennett soll 1931 gesagt haben: »Das Pariser Leitungswasser ist einwandfrei.« Er trank angeblich ein Glas und starb kurz darauf an Typhus.

»Suleyken« aus dem Titel von Siegfried Lenz' Kurzgeschichtensammlung von 1955 *So zärtlich war Suleyken* ist nicht etwa eine Frau, sondern ein fiktives Dorf in den Masuren, einer Region im Norden Polens.

Ein Akrostichon ist eine besondere Gedichtform, bei der die ersten Buchstaben einer jeden Zeile zusammen gelesen ein Wort ergeben.

Joseph von Eichendorff ist vor allem als Lyriker bekannt. Von ihm stammt aber auch die berühmte Novelle *Aus dem Leben eines Taugenichts* – die aber vor Liedern und Gedichten nur so strotzt.

Die erste deutsche Übersetzung von Ovids *Metamorphosen* legte der mittelhochdeutsche Dichter Albrecht von Halberstadt vor.

1966 wurde Nelly Sachs gemeinsam mit dem hebräischen Schriftsteller Samuel Joseph Agnon »für ihre hervorragenden lyrischen und dramatischen Werke, die das Schicksal Israels mit ergreifender Stärke interpretieren« mit dem Literatur-Nobelpreis ausgezeichnet.

Moby Dick ist ein weißer Pottwal.

Den Bestseller *Die Päpstin* von Donna W. Cross aus dem Jahr 1996 gibt es auch als Musical – und zwar von dem deutschen Komponisten Dennis Martin.

Mary Shelleys in einen Briefroman eingebettete Ich-Erzählung *Frankenstein* entstand im Sommer 1816, als das Wetter wegen eines Vulkanausbruchs so schlecht und die Langweile so groß war, dass es in der Villa Diodati unweit des Genfer Sees zu einem Wettstreit der Literaten um die beste Schauergeschichte kam.

Im Englischen hat der satirische Gesellschaftsroman *Jahrmarkt der Eitelkeit* von William Makepeace Thackeray aus den Jahren 1847/48 den sehr treffenden Untertitel »a Novel without a Hero«.

1990 wurde der Asteroid (2798) Vergilius nach dem römischen Dichter Publius Vergilius Maro aka Vergil benannt.

»Der letzte Mann auf Erden saß allein in einem Zimmer. Da klopfte es an der Tür ...« ist die kürzeste Sciene-Fiction-Erzählung der Geschichte. Sie stammt von dem US-amerikanischen Autor Fredric William Brown.

William S. Burroughs, der später drogensüchtige Autor der Beat Generation, flog von der Schule, weil er gemeinsam mit anderen Schülern Schlafmittel ausprobierte.

Goethe las den Weimarer Damen über mehrere Abende hinweg das komplette *Nibelungenlied* vor.

Der unendliche Unwahrscheinlichkeitsantrieb ist eine großartige Erfindung, nämlich ein Antrieb, der es ermöglicht, ohne jeden Zeitverlust zu reisen. Nachzulesen in Douglas Adams' *Per Anhalter durch die Galaxis*.

Die von Hans-Magnus Enzensberger 1965 gegründete Kulturzeitschrift *Kursbuch* wurde zu einem der wichtigsten Sprachrohre der Außerparlamentarische Opposition (APO).

Der vollständige Name des spanischen Dichters Calderón lautete Pedro Calderón de la Barca y Barreda González de Henao Ruiz de Blasco y Riaño.

Nach dem Erscheinen von *Madame Bovary* wurde der französische Schriftsteller Gustave Flaubert wegen Verherrlichung des Ehebruchs angeklagt – dann allerdings freigesprochen.

»Es ist eine allgemein anerkannte Wahrheit, dass ein alleinstehender Mann, der ein beträchtliches Vermögen besitzt, einer Frau bedarf.« Diese in der heutigen Gesellschaft nicht mehr so ganz allgemein anerkannte Wahrheit bildet den ersten Satz von Jane Austens *Stolz und Vorurteil.*

Nach dem Ende seines Englisch-Studiums war Horror-Autor Stephen King als Lehrer tätig. Da das Geld nicht ausreichte, um seine Familie zu ernähren, arbeitete er nachts in einer Wäscherei – und bügelte.

»Leihe dir Geld und feiere deinen Geburtstag!« Dieser praktische Ratschlag findet sich schon im Papyrus Insinger, einer Sammlung von altägyptischen Weisheitslehren, vermutlich aus dem 2. Jahrhundert v. Chr.

John Grisham wurde 1998 in *Publishers Weekly,* der amerikanischen Fachzeitung für die Buchbranche, zum meistgekauften Romancier der 1990er Jahre gekürt.

Die Romanvorlage für den Film *Fight Club* stammt von dem amerikanischen Schriftsteller Chuck Palahniuk. Er setzte den Roman ab 2015 als Comicreihe fort.

Von 1958 bis 1962 war Ingeborg Bachmann mit Max Frisch liiert. Im 1964 veröffentlichten Roman *Mein Name sei Gantenbein* von Max Frisch sucht ein Mann nach seiner Identität und probiert Geschichten an wie Kleider. Ingeborg Bachmanns Roman *Malina* von 1971 wird von einigen Interpreten als Schlüsselroman und Antwort auf Frischs *Gantenbein* verstanden.

Für die ab 1807 erscheinende Kulturzeitschrift *Morgenblatt für gebildete Stände* schrieben unter anderem Heinrich Heine, Eduard Mörike, Caroline Pichler und viele mehr.

*Das Manifest der Kommunistischen Partei* beginnt mit den berühmten Worten: »Ein Gespenst geht um in Europa – das Gespenst des Kommunismus.«

Der Nürnberger Meistersänger Hans Sachs verfasste nicht nur Schwänke, Gedichte, Fastnachtsspiele und Prosadialoge, sondern setzte sich auch für die Reformation ein. So schrieb er entsprechende Flugschriften und dichtete unter anderem das Reformationslied *Wach auf*.

»Sechsmal der Venus opfern« – und zwar innerhalb einer Stunde. Dass *Bel-Ami*-Autor Guy de Maupassant das draufhatte, ließ er sich sogar von einem Notar bescheinigen, den er extra mit ins Bordell nahm.

Postum erscheint eine Ausgabe, wenn sie erst nach dem Tod des Autors herauskommt.

Das Konzept der klassischen Heldenreise, wie sie unter anderem auch Luke Skywalker in *Star Wars* durchlebt, wurde 1928 vom russischen Philologen Vladimir Propp in seiner *Morphologie des Märchens* beschrieben. Das Konzept selbst ist natürlich noch viel älter.

Der Vater des Barockdichters und Begründers der Schlesischen Dichterschule Martin Opitz war Metzger.

Indem Dante Alighieri seine *Göttliche Komödie* Anfang des 14. Jahrhunderts in altitalienischer Sprache verfasste, überwand er das bis dahin alles beherrschende Latein.

In *Faust* rehabilitierte Goethe den seit dem Barock in Verruf geratenen Knittelvers und nutzte diesen, um den altdeutschen Hintergrund seines Dramenstoffs herauszustreichen.

Oscar Wilde wurde am 25. Mai 1895 wegen Homosexualität und Sodomie zu zwei Jahren Zuchthaus mit schwerer Zwangsarbeit verurteilt. Nach seiner Entlassung war er ein gebrochener Mann.

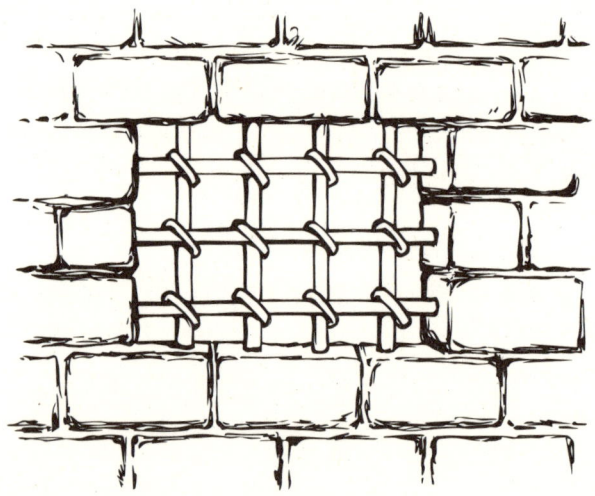

Von Cædmon, der gerne als der Vater der altenglischen Dichtung bezeichnet wird, ist nur ein Gedicht mit gerade einmal neun Zeilen erhalten – der älteste überlieferte englische Text.

Hunter S. Thompson, sein wohl bekanntester Roman ist das 1971 erschienene *Fear and Loathing in Las Vegas*, besuchte als Schüler den Buchclub Athenaeum Literary Association. Mit dabei: der spätere erste Herausgeber des *Rolling Stone*, Porter Bibb.

Arkadi und Boris Strugazki sind zwei russische Brüder, die Unmengen von Fantasy- und Science-Fiction-Romanen verfasst haben. Ihre Bücher haben sich weltweit um die 50 Millionen Mal verkauft.

Pippi Langstrumpf wird gerne als die »Erfinderin des Punk« bezeichnet.

Franz Kafkas wohl bekanntester Roman *Der Prozess* handelt von Josef K., der – ohne dass er etwas Böses getan hätte – eines Morgens verhaftet wird. Jemand muss ihn verleumdet haben.

Der gern als Rassist, Religionsfeind und Frauenhasser bezeichnete französische Autor Michel Houellebecq stellte die Behauptung auf, Napoleon sei schlimmer gewesen als Hitler.

Werkdruckpapier, also das Papier, das üblicherweise für den Buchdruck verwendet wird, gibt es in unterschiedlicher Dicke, damit auch ein vergleichsweise kurzes Buch dick aussehen kann.

Bei der Hohen Minne, einer Spielart des Minnesangs, geht es darum, dass ein untergeordnetes männliches Ich – erfolglos – um eine ihm deutlich überlegene Frau wirbt, die ihn möglicherweise nicht einmal wahrnimmt.

Winston Churchill wurde 1953 mit dem Nobelpreis für Literatur ausgezeichnet.

Was wäre gewesen, wenn Deutschland den Zweiten Weltkrieg nicht verloren hätte? In seinem Roman *Vaterland* von 1992, der im Berlin des Jahres 1964 spielt, beschäftigt sich der britische Autor Robert Harris mit dieser Frage.

Sechs Jahre lang, von 1921 bis 1927, war George Orwell in Birma als Beamter der Britischen Kolonialpolizei tätig. Dann kündigte er ohne jede Begründung und arbeitete fortan als Autor und freier Journalist.

Die Bibel hat 3.566.480 Buchstaben.

Novalis, der Autor der *Hymnen an die Nacht*, eine der bedeutendsten Dichtungen der Frühromantik, war eigentlich Bergbaubeamter.

Am 6. April 1327 begegnete der italienische Dichter Francesco Petrarca jener Laura, die ihm zeitlebens als Inspiration dienen sollte und immer wieder in seinen Gedichten auftaucht.

Der Lyriker Rainer Maria Rilke wurde am 4. Dezember 1875 in Prag geboren – das gehörte aber damals noch zu Österreich-Ungarn. Entsprechend war Rilke Österreicher.

Scarlett aus Margaret Mitchells *Vom Winde verweht* sollte ursprünglich Pansy O'Hara heißen – und der Landsitz ihrer Familie statt Tara Fontenoy Hall.

Mindestens einmal pro Woche lesen in China 70 Prozent der Teilnehmer einer internationalen Studie. In Deutschland sind es 50 Prozent der Befragten. Nach Geschlechtern unterschieden, lesen übrigens hierzulande 58 Prozent der Frauen so oft, bei den Männern sind es 41 Prozent.

Bret Easton Ellis' *American Psycho* beginnt mit den Worten: »Ihr, die ihr hier eintretet, lasset alle Hoffnung fahren!« – ein Zitat aus Dante Alighieris *Göttlicher Komödie*, und zwar der letzte Vers der Inschrift des Höllentors: »Lasciate ogni speranza, voi ch'entrate.«

Disneys Zeichentrickfilm *Alice im Wunderland* aus dem Jahr 1951 orientiert sich nicht durchgehend an Lewis Carrolls gleichnamigem Roman, sondern mischt auch Elemente der Fortsetzung *Alice hinter den Spiegeln* unter die Handlung.

*Die Kunst des Krieges* von Sunzi ist nicht nur für militärische Strategen interessant. Der Text des Generals und Philosophen, der um 500 v. Chr. lebte, zeichnet sich auch durch seine literarische Qualität aus.

Am 14. November 1946 erschien die allererste *Lucky-Luke*-Geschichte – und zwar im *Spirou Almanach 1947*. Luke raucht übrigens seit 1983 nicht mehr und hat seither statt einer Zigarette einen Grashalm im Mund.

Der um 1230 vermutlich in Würzburg verstorbene Walther von der Vogelweide, der bedeutendste Lyriker deutscher Sprache dieser Zeit, verfasste etwa 90 Minnelieder und um die 150 Sangsprüche.

Der Begriff »Lost Generation« als Bezeichnung für eine literarische Epoche, nämlich die der respektlosen, haltlosen, zu viel trinkenden Generation der um den Ersten Weltkrieg Geborenen, geht zurück auf Gertrude Stein, die diese Formulierung gegenüber Ernest Hemingway äußerte.

*Die Geschichte von Sinuhe* ist eine der bekanntesten Erzählungen aus dem alten Ägypten. Sie stammt etwa aus dem 20. Jahrhundert v. Chr., beschreibt das aufregende Leben des Hofbeamten Sinuhe. Beamter und aufregend – ist das kein Widerspruch in sich?

In seinem Roman *Sakrileg* interpretiert Dan Brown den Heiligen Gral nicht als echten Kelch, wie man ihn aus Indiana Jones und Co. kennt, sondern als Symbol für den weiblichen aka Maria Magdalenas Mutterschoß.

250 Einzelsagen beschreibt der antike römische Dichter Ovid im ersten Jahrhundert nach Christus in seinen *Metamorphosen*, unter anderem die Geschichte von Iphis, deren Vater gedroht hat, wenn seine Frau eine Tochter zur Welt bringe, werde er sie töten. Entsprechend wird Iphis als Junge großgezogen.

Sein Jugendbuch *Vorstadtkrokodile* von 1975, in dem der querschnittsgelähmte Kurt auftaucht, widmete Max von der Grün seinem Sohn Frank, der ebenfalls behindert ist.

1989 wurde Otfried Preußlers *Der Räuber Hotzenplotz* in China vom Shanghai Film Studio verfilmt.

Ein Renga ist ein japanisches Kettengedicht. Dabei werden mehrere Gedichte aneinander gehängt – aber nicht von einem Dichter, sondern von mehreren.

Haupterbe der US-amerikanischen Krimiautorin Patricia Highsmith ist die Künstlerkolonie Yaddo in Saratoga Springs, New York. Dort schrieb sie ihren ersten Roman.

Hans Wurst, die lustige Figur auf den deutschen Wanderbühnen, geht vermutlich zurück auf den Harlekin der Commedia dell'arte. Denselbigen wollte der große Dramentheoretiker Johann Gottsched in der ersten Hälfte des 18. Jahrhunderts von der deutschen Bühne jagen, um die Qualität des Dramas zu heben. Zwischenzeitlich griff sogar die Zensur ein, um den Quatschmacher loszuwerden.

Der englischsprachige Schriftsteller und Dichter Thomas Stearns Eliot, besser bekannt als T. S. Eliot, reiste 1914 nach Marburg, um dort einen Ferienkurs zu besuchen – doch dieser wurde wegen des Beginns des Ersten Weltkriegs abgesagt.

Selbst wenn ein Dichter in seinem Gedicht »Ich« schreibt, darf ein Leser, der auf sich hält, nie davon ausgehen, dass der Dichter auch wirklich mit diesem Ich identisch ist. Übrigens auch nicht, wenn er sich selbst beim Namen nennt. Der Fachbegriff dafür ist das lyrische Ich.

Samuel Langhorne Clemens – so lautete der richtige Name des US-amerikanischen Autors Mark Twain. Sein Pseudonym ist ein Begriff aus der Schiffersprache und bedeutet »zwei Faden Wassertiefe«.

Tauchen die Figuren Arlecchino, Colombina, der Dottore und Pantalone in einem Stück auf, handelt es sich vermutlich um eine Commedia dell'arte.

Was ist ein Kultlied? *Marmor, Stein und Eisen bricht* und *Kling Klang*? Nun ja, aus literaturwissenschaftlicher Sicht ist damit eher ein Lied gemeint, das religiösen Handlungen zugeordnet ist.

Guy de Maupassants *Bel-Ami*, in dem ein ziemlicher Unsympath sich hochintrigiert und -schläft, erreichte allein in den ersten zwei Jahren nach Erscheinen 50 Auflagen.

Middlebrow-Literatur meint im englischsprachigen Raum eine Art von Literatur, die zwar gut lesbar und leicht verständlich und dennoch anspruchsvoll ist. Sie liegt zwischen Highbrow und Lowbrow.

In Lessings bürgerlichem Trauerspiel *Emilia Galotti* von 1722 bittet die gleichnamige Heldin ihren Vater, sie zu töten, um nicht vom Prinzen ihrer Tugend beraubt zu werden.

Als Ludwig Tieck, der Autor von *Der gestiefelte Kater*, 1853 starb, schritt der König von Preußen dem Trauerzug voran.

Max Frischs *Stiller* erschien bei Suhrkamp und war dort der erste Roman, der eine siebenstellige Auflage erreichte.

Der 16. Juni 1904 ist der Tag, der in James Joyces Roman *Ulysses* von 1922 in 18 Episoden beschrieben wird. Das Buch hat 772 Seiten.

Auf dem Porträt des berühmten britischen Malers Eyre Crowe aus dem Jahr 1845 sieht der britische Schriftsteller William Makepeace Thackeray aus wie eine dicke, sehr hässliche Frau.

Der italienische Romancier Umberto Eco war auch ein wissenschaftliches Schwergewicht. Seine *Einführung in die Semiotik* von 1968 liest sich zwar nicht so flüssig wie *Der Name der Rose*, gilt aber noch heute als Standardwerk.

*Das Buch von der Stadt der Frauen* von 1405 gilt als eine der ersten feministischen Schriften. Die französische Autorin Christine de Pizan stellt darin zahlreiche berühmte Frauen und deren große Taten vor. Sie war übrigens auch die erste französische Autorin, die von ihrer schriftstellerischen Tätigkeit leben konnte. Das schafft selbst heute noch nicht jeder.

Für Verlagserzeugnisse gilt in Deutschland laut § 12 UstG ein ermäßigter Steuersatz von sieben Prozent. Warum? Weil Bücher so wichtig sind wie das tägliche Brot.

Die berühmte Regenbogenreihe der Edition Suhrkamp, bei der die Buchrücken im Regal einen bunten Farbverlauf ergeben, wurde vom deutschen Designer Willy Fleckhaus entwickelt.

Bei der Rekrutierungsprüfung für das Gymnasiallehramt scheiterte Jean-Paul Sartre im ersten Anlauf kläglich. Im zweiten Anlauf, auf den er sich mit Simone de Beauvoir vorbereitete, belegte er den ersten Platz. Simone de Beauvoir nahm ebenfalls an dieser Prüfung teil und schaffte es auf den zweiten Platz.

Der sowjetische Schriftsteller Michail Bulgakow diktierte seiner Frau die letzte Fassung von *Der Meister und Margarita* kurz vor seinem Tod 1940. Er hatte schon seit 1928 an dem Text geschrieben.

Ursprünglich plante der englische Romancier Charles Dickens für seinen Fortsetzungsroman *Große Erwartungen* von 1860/61 ein tragisches Ende. Erst auf Zureden von Kollegen entschied er sich für ein Happy End.

Der Verfasser des philosophischen chinesischen Werks *Zhuangzi* war der um 300 v. Chr. lebende Meister Zhuang, auf Chinesisch: Zhuangzi.

Der deutsche Dichter der Romantik Novalis, dessen Name eigentlich Georg Philipp Friedrich von Hardenberg lautete, wurde nur 28 Jahre alt. Er starb an der Schwindsucht.

Im Jahr 2000 besuchte George R. R. Martin – ich sage nur: *Game of Thrones* – Deutschland. Der Burgenfan besichtigte dort unter anderem Rothenburg ob der Tauber und Schloss Neuschwanstein.

In dem altenglischen, vermutlich aus dem 8. Jahrhundert stammenden Gedicht *The Dream of the Rood* spricht ein zum Kreuz gewordener Baum über den an ihn genagelten Christus.

Seinen 1973 veröffentlichten Roman *Der Archipel Gulag* widmete der russische Schriftsteller Alexander Solschenizyn all jenen, »die nicht genug Leben hatten«, um von den Unrechtstaten des Regimes Stalin in den sowjetischen Umerziehungs- und Arbeitslagern zu erzählen.

Das Besondere an Gustave Flauberts *Madame Bovary*? Dass an ihr eben nichts Besonderes ist. Sie ist keine Ausnahmepersönlichkeit, sondern ein Durchschnittsmensch ohne heldenhafte Züge.

Das japanische *Kopfkissenbuch* aus dem Jahr 1000 n. Chr., das die Aufzeichnungen einer Hofdame der Kaiserin Teishi beinhaltet, heißt so, weil es vermutlich in einem hohlen Kopfkissen aus Porzellan aufbewahrt wurde.

Truman Capotes Kurzroman *Frühstück bei Tiffany* endet im Gegensatz zur Verfilmung mit Audrey Hepburn nicht mit einem Happy End.

Weil auf einer Mauer das Gras recht hoch wächst, beschließen die Schildbürger, eine Kuh darauf weiden zu lassen. Sie binden ihr einen Strick um den Hals und strangulieren die Kuh beim Hochziehen derart, dass dem sterbenden Tier die Zunge aus dem Hals hängt. Die Interpretation der Schildbürger: »Die Kuh freut sich schon!«

Schauerliterat Edgar Allan Poe war gerade einmal drei Jahre alt, als seine Mutter als 23-Jährige an Tuberkulose starb. Er wuchs in der Familie des reichen Kaufmanns John Allan auf.

Der chinesische Philosoph Konfuzius, der um 500 v. Chr. lebte, wurde eigentlich unter dem Namen Kong Qiu geboren. Konfuzius bedeutet so viel wie »Lehrmeister König«.

Da Michel de Montaigne schon von früher Kindheit an von einem deutschen Hauslehrer unterrichtet wurde, der mit ihm nur Latein sprach, wurde diese Sprache mehr oder weniger zu seiner Muttersprache. Übrigens: Der Hauslehrer hieß Horstanus.

Wie die meisten späteren Autoren war der US-amerikanische Schriftsteller Paul Auster schon als Kind ein begeisterter Leser. In ihm keimte der Wunsch, Schriftsteller zu werden, nachdem er *Schuld und Sühne* gelesen hatte.

Der wahre Name des französischen Dichters Stendhal lautete Marie-Henri Beyle. Offenbar geht das Pseudonym auf die Stadt Stendal in Sachsen-Anhalt zurück, in deren Nähe der Schriftsteller kurze Zeit lebte.

In Nathaniel Hawthornes 1850 erschienenem Roman *Der scharlachrote Buchstabe* will eine Frau nicht den Namen des Vaters ihres unehelichen Kindes nennen. Kein Wunder: Es ist der Pfarrer! In Folge 22 der 24. *Simpsons*-Staffel, »Glück auf Schienen«, beschmiert Maggie Ben, mit dem Marge einen Flirt begonnen hat, wie in Hawthornes Vorlage mit einem scharlachroten A aus Ketchup.

In einer deutschen Hörbuchfassung von William Goldmans großartigem Buch *Die Brautprinzessin* liest Bela B. Goldmans Kommentare.

Auf wen wird in Samuel Becketts Stück *Warten auf Godot* eigentlich gewartet? Eine Lesart: auf Gott (»God« + französische Verkleinerungsform »-ot«), der jedoch nie kommt.

Die Wahrnehmung des Fragments, also des unvollständig ge-
bliebenen Texts, als eigene Gattung setzte in der Romantik
ein. Es rege nämlich zum Anknüpfen, zum Weiterdenken,
zum »Symphilosophieren« an.

Die Einhaltung der »drei Einheiten im Drama«, also von Ort,
Zeit und Handlung, geht vor allem zurück auf den Dichter
und Literaturtheoretiker Gotthold Ephraim Lessing und seine Ende der 1760er Jahre entstandene *Hamburgische Drama-
turgie*. Er forderte außerdem eine größere Natürlichkeit, was
für eine Ablösung des manchmal etwas überzogenen barocken Dramas durch das Bürgerliche Trauerspiel sorgte.

Unter einem Palimpsest versteht man eine bereits beschriebene Manuskriptseite, die durch Abschaben gereinigt und
dann erneut beschrieben wurde. Für die Literaturwissenschaft sind Palimpseste deshalb interessant, weil sich mit mo-
derner Technik häufig doch noch Spuren der abgeschabten
Texte auf dem Träger finden lassen.

Wolfram von Eschenbach, der um 1160/80 in Franken geborene Autor von *Parzival*, bezeichnete sich selbst als Analpha-
beten und Verächter des gelehrten Buchwissens.

Die *Nils-Holgersson*-Schöpferin und erste weibliche Literatur-Nobelpreisträgerin (1909) Selma Lagerlöf wurde 1914 als erste Frau in die Schwedische Akademie aufgenommen und war damit ihrerseits mitverantwortlich für die Vergabe des Nobelpreises.

Henry Fieldings Schelmen- und Bildungsroman *Tom Jones: Die Geschichte eines Findelkindes* von 1749 gilt als einer der ersten englischen Romane.

Hinter der Formulierung *L'art pour l'art* verbirgt sich die Überzeugung, dass die Kunst sich selbst genügt und keinen übergeordneten – also politischen, erzieherischen, philosophischen et cetera – Zweck zu erfüllen hat.

Angeblich goss Xanthippe, die impulsive Frau von Sokrates, nachdem sie eine Weile mit ihrem Mann geschimpft hatte, ihren Nachttopf über ihn aus, was dieser nur mit den Worten kommentierte: »Seht ihr, wenn meine Frau donnert, spendet sie auch Regen!«

Nach Jean Racines Durchbruch 1667 mit der Tragödie *Andromaque* war sein Konkurrent, der französische Dramatiker

Pierre Corneille, so niedergeschlagen, dass er der Bühne zwei Jahre fernblieb.

Die Werke von Dame Agatha Mary Clarissa Christie, Lady Mallowan, DBE aka Agatha Christie sollen sich weltweit über zwei Milliarden Mal verkauft haben.

Angeblich war der Vater von Horaz, einem der bedeutendsten römischen Dichter, ein freigelassener Sklave.

Mit 16 Jahren brannte Mary Shelley mit dem damals noch verheirateten Percy Bysshe Shelley durch. Von einer Reise durch Europa kehrte sie schwanger zurück. Nach dem Selbstmord von Percys Frau heirateten die beiden.

Der Titel der 1950 veröffentlichten Kurzgeschichte *Wanderer, kommst du nach Spa…* von Heinrich Böll, in dem ein junger Soldat im Zweiten Weltkrieg in seine alte Schule zurückkehrt und die titelgebende Anschrift auf einer Tafel findet, verweist auf den Gedenkstein der Spartaner, die sich an den Thermopylen bis auf den letzten Mann aufopferten: »Wanderer, kommst du nach Sparta, verkündige dorten, du habest uns hier liegen gesehn, wie das Gesetz es befahl.«

Die Überzeugung des von André Breton entdeckten französischen Schriftstellers Julien Gracq war, dass der Autor hinter seinem Werk zurücktreten müsse. Entsprechend unauffällig gestalteten sich die 97 Jahre seines Lebens.

Philologen gehen heute davon aus, dass der legendäre chinesische Philosoph Laozi (auch: Laotse) nie existiert hat.

Einen Koffer, der es möglich machte, bis zu 1500 Bücher auf seinen Reisen mitzunehmen, ließ sich Bücherliebhaber David Bowie eigens anfertigen.

Der Film *Das Blut der Anderen* aus dem Jahr 1984 mit Jodie Foster in der Hauptrolle ist eine Verfilmung von Simone de Beauvoirs existentialistischem Roman *Le Sang des autres*.

Idylle nennt sich eine literarische Gattung, die eine besonders harmonische Szene, meist sind dabei Hirten und Schäfer involviert, darstellt. Wenn etwas »idyllisch« ist, spricht man dagegen von einem Idyll.

1958 las Günter Grass bei einem Treffen der Gruppe 47 aus seinem noch unveröffentlichten Manuskript zu *Die Blechtrommel* und wurde mit dem Preis der Gruppe ausgezeichnet.

Hätte Franz Kafkas Freund und Nachlassverwalter Max Brod wirklich dessen letzten Willen erfüllt, wäre unter anderem das Manuskript zu *Der Prozess* unwiederbringlich vernichtet worden.

Die Diskussion zwischen Gott und Teufel hat Goethe für den Prolog seines Meisterwerks Faust nicht neu erfunden. Sie geht zurück auf den alttestamentlichen Hiob, der Gegenstand einer perfiden Wette wird.

Der Deutsche Taschenbuch Verlag wurde 1960 ursprünglich als gemeinsamer Taschenbuchverlag von elf »normalen« Verlagen gegründet.

Vito Corleone – der Pate in Mario Puzos gleichnamigem Roman von 1969 – heißt anfangs Vito Andolini. In New York angekommen, nennt er sich jedoch Corleone, nach seinem Heimatort.

Statt den international gebräuchlichen Begriff »Dada« für die 1916 ins Leben gerufene neue Kunstrichtung verwendete Kurt Schwitters lieber das von ihm erdachte Kunstwort »Merz«, nachdem er – vermutlich wegen seines bürgerlichen Habitus – nicht zur ersten internationalen Dada-Messe zugelassen worden war.

Eine Frau hat angeblich Brüste wie Marmorkugeln? Derart stereotype und künstliche Formulierungen weisen auf die Stilform des Petrakismus hin.

Nicht etwa das heute bekanntere Buch *Der große Gatsby*, sondern der Roman *Diesseits vom Paradies* machte den damals gerade einmal 23-jährigen F. Scott Fitzgerald 1920 berühmt.

Der russische Dichter Nikolai Gogol litt gegen Ende seines Lebens unter psychischen Problemen und verbrannte offenbar in einem Anfall von Schizophrenie das Manuskript für den zweiten Teil seines Hauptwerks *Die toten Seelen.*

Das vielgelesene Jugendbuch *Die Abenteuer des Telemach* aus dem Jahr 1699 stammt von einem französischen Erzbischof: François Fénelon.

Der im Übergang von Klassik zu Romantik aktive fränkische Dichter Johann Paul Friedrich Richter »französisierte« den ersten Teil seines Vornamens aus Bewunderung für Jean-Jacques Rousseau und nannte sich fortan Jean Paul – entsprechend muss »Jean« französisch, »Paul« jedoch deutsch ausgesprochen werden.

Als angehender Journalist bekam der spätere Schriftsteller Christian Kracht 1996 reichlich Ärger, weil er eine Wahlkampfreportage über Rudolph Scharping geschrieben hatte, ohne wirklich vor Ort gewesen zu sein.

Der Begriff »Essay« wurde in der zweiten Hälfte des 16. Jahrhunderts geprägt von dem französischen Denker Michel de

Montaigne, der seine Texte als »Versuche«, auf Französisch »essais«, bezeichnete.

Die Trilogie *Liebe geht durch alle Zeiten* von Jugendbuchautorin Kerstin Gier mit den Titeln *Rubinrot, Saphirblau* und *Smaragdgrün* wird gemeinhin als »Edelstein-Trilogie« bezeichnet.

Das Gebäude Rumannstraße 2 in Hannover, in der Kurt Schwitters am 20. Juni 1887 geboren wurde, trägt heute die Nummer 8.

Ein funktionaler Analphabet ist ein Mensch, der zwar einzelne Buchstaben oder Sätze lesen kann, bei längeren Texten jedoch extreme Verständnisprobleme hat.

Im Alter von 35 Jahren heiratete der englische Dichter und Denker John Milton die damals 16-jährige Mary Powel, die ihm innerhalb von sechs Jahren vier Kinder gebar und kurz nach der vierten Geburt verstarb.

In ihren Anfangsjahren waren die Buchmessen in Leipzig und Frankfurt vor allem eine Veranstaltung für die Verlags-

buchhändler, die dort ihre Bücher gegen andere eintausch-
ten, um diese dann in ihrer Heimat anzubieten.

Das *Nibelungenlied* wurde 1924 von Fritz Lang in einer Stumm-
filmversion verfilmt. Der Film dauert 293 Minuten.

Der Barockdichter Andreas Gryphius wäre im Alter von
neun Jahren beinahe ertrunken.

Dass der französische Dichter Guillaume Apollinaire polni-
scher Abstammung war, sieht man an seinem bürgerlichen
Namen, der da lautete: Wilhelm Albert Włodzimierz Apoli-
nary de Wąż-Kostrowicki.

Bei Janosch trinken Tiger und Bär Gänsewein. Erfunden hat
diese augenzwinkernde Bezeichnung für Wasser der früh-
neuhochdeutsche Schriftsteller und Dichter Johann Fischart.

*J'accuse…!* So lautete der Titel eines offenen Briefs, mit dem
sich der französische Autor Émile Zola 1898 für den zu Un-
recht wegen Landesverrats verurteilten jüdischen Hauptmann Alfred Dreyfus einsetzte.

Schon mal das »rote Elend« gehabt? Ein Besuch beim Juwelier Tiffany hilft – zumindest Truman Capotes *Frühstück bei Tiffany*-Heldin Holly Golightly.

Als Brotschrift werden im Gegensatz zu den Titelschriften jene Schriftarten bezeichnet, die der Buchdrucker verwendet, um Fließtext zu setzen. Damit verdient er sein täglich Brot.

Anstoß zu Thomas Manns 1924 erschienenem Werk *Der Zauberberg*, das in einem Sanatorium spielt, gab ein Kuraufenthalt seiner Frau Katia, über den sie ihm in zahlreichen Briefen berichtete.

Eigentlich hieß der Dichter der Romantik E. T. A. Hoffmann Ernst Theodor Wilhelm – aber weil er Mozart so toll fand, wurde daraus Ernst Theodor Amadeus: E. T. A. Der Fachbegriff dafür lautet übrigens nicht Pseudonym, sondern Allonym – auf Deutsch in etwa: »der Name des anderen«.

Das Kryptonym ist eine besonders schöne Form des Pseudonyms. Hier ist nämlich der Verfassername auf die Anfangsbuchstaben reduziert oder gar in Wörtern verborgen. Ein Beispiel von mir selbst? C. H. – ganz trivial. Viel schöner: Cheer!

*Narnia*-Schöpfer C. S. Lewis und *Herr der Ringe*-Erfinder J. R. R. Tolkien waren über Jahre hinweg eng befreundet. Weil Letzterer sich jedoch abwertend über die *Narnia*-Romane äußerte, lag die Freundschaft zuletzt auf Eis. Mathilda, die geistige Tochter von Roald Dahl, urteilte übrigens ähnlich. Ihre Begründung: Es fehle den Büchern von C. S. Lewis an lustigen Stellen.

Der französische Lyriker Arthur Rimbaud wurde nur 37 Jahre alt. Er starb an Knochenkrebs.

In der 1494 gedruckten Moralsatire *Das Narrenschiff* porträtierte Sebastian Brant 100 Arten von Narren, die sich mit einem Schiff auf einer Fahrt gen Narragonien befinden.

Frank Kafka hatte drei Schwestern, die von den Nationalsozialisten deportiert wurden. Ihre Spuren verlieren sich.

Unter der *Querelle des femmes* versteht man den sich ab dem 14. Jahrhundert von Frankreich aus ausbreitenden und über Jahrhunderte hinziehenden Streit über die Rolle der Frau, der in Text und Bild ausgetragen wurde.

Wie Sherlock Holmes' Side-Kick Dr. Watson war auch Arthur Conan Doyle selbst Arzt in einem Kriegsgebiet – allerdings im Zweiten Burenkrieg.

Im 7. Jahrhundert v. Chr. lebte ein griechischer Dichter, der hieß Archilochos.

Alfred Döblin, der Autor von *Berlin Alexanderplatz*, war Mediziner und Nervenarzt. Das merkt man dem Buch auch an.

Sophokles' *Ödipus* ist der Prototyp des analytischen Dramas, bei dem es darum geht, im Laufe der Dramenhandlung ein in der Vergangenheit liegendes Ereignis aufzuklären.

Von der antiken griechischen Dichterin Sappho gibt es keine erhaltenen Werke – Forscher müssen sich allein auf die Zitate ihrer Texte und Papyrusreste, gefunden zum Beispiel in Mumienkartonage, stützen.

»Du bist ein ganz schönes …!« Aufhören zu sprechen, bevor das Wesentliche kommt? Auch dafür gibt es einen Fachbegriff, nämlich Aposiopese.

Friedrich Nietzsche bezeichnete die französische Schriftstellerin und Feministin George Sand als »Milchkuh mit schönem Stil«. Als Trost: Schiller nannte er den »Moral-Trompeter von Säckingen«. Und bezüglich Émile Zola, einer Leitfigur des Naturalismus, äußerte er sich folgendermaßen: »Zola: oder ‚die Freude zu stinken‘«.

Ein Schusterjunge ist ein Satzfehler. Man bezeichnet so die erste Zeile eines Absatzes, wenn sie allein auf der vorhergehenden Seite steht.

Vegane Promis gibt es ja heute noch und nöcher. Einer der ersten war Percy Bysshe Shelley, der Mann von Mary Shelley.

Die Überreste von *Don Quijotes* geistigem Vater Miguel de Cervantes lagen in einem Gemeinschaftsgrab mit anderen Verstorbenen. Weil Forscher jedoch sicher wussten, dass er sich einmal eine Schusswunde sowie eine Handverletzung zugezogen hatte, konnte zumindest ein Teil der Überreste zugeordnet werden.

Der Derschawin-Gletscher in der Ostantarktis wurde nach dem um 1800 lebenden russischen Poeten Gawriil Romanowitsch Derschawin benannt.

Jane Austens *Stolz und Vorurteil* gibt es auch mit Untoten – und zwar seit 2009 in der von Seth Grahame-Smith verfassten Parodie *Stolz und Vorurteil und Zombies*. Vom selben Autor gibt es übrigens auch das Buch *Abraham Lincoln – Vampirjäger*.

Gnome sind nicht immer kleine grüne Wald- und Wiesenbewohner mit verkniffenen Gesichtern. In literarischer Hinsicht ist eine Gnome ein Lehr- oder Sinnspruch.

Im angelsächsischen Heldenepos *Beowulf* aus dem 8. Jahrhundert kämpft der gleichnamige Held gegen das menschenverschlingende Untier Grendel. In dem 1971 erschienenen Roman *Grendel* beschreibt der US-amerikanische Autor John Gardner die ganze Geschichte aus der Sicht des Ungeheuers.

Alexandre Dumas der Ältere hatte quasi ständig Schulden. Er versuchte sich ihnen zu entziehen, indem er immer wieder mal für längere Zeit im Ausland abtauchte.

In ihrer *Spiegelgeschichte* von 1949 beschrieb die österreichische Schriftstellerin Ilse Aichinger das Leben einer Frau – aber rückwärtslaufend vom Grab zur Wiege. Sie erhielt dafür 1952 den Preis der Gruppe 47.

Der Kalander hat nichts mit dem Kalender zu tun. Ein Kalander besteht aus hochpolierten, heißen Stahlwalzen, die verwendet werden, um Papier besonders zu glätten – zu »satinieren«.

Unter dem Pseudonym Docteur Ralph veröffentlichte Voltaire 1759 die Satire *Candide oder der Optimismus,* in der er sich über die philosophische Vorstellung lustig machte, die Menschheit lebe in der besten aller Welten.

Albtraum gefällig? Wie wäre es mit dem Anfang von Franz Kafkas *Verwandlung*: »Als Gregor Samsa eines Morgens aus unruhigen Träumen erwachte, fand er sich in seinem Bett zu einem ungeheuren Ungeziefer verwandelt.«

Das simultanistische Gedicht ist eine Gedichtform des Dadaismus und lehrt laut Dadaistischem Manifest »den Sinn des Durcheinanderjagens aller Dinge«.

Die Detektivserie *Die drei ???* wurde in den USA bereits 1993 eingestellt. In Deutschland wird die Reihe nun mit eigenen Geschichten fortgeführt. Mary Virginia Carey schrieb mit 16 Bänden die meisten US-Bände von *Die drei ???*. Mein persönlicher Lieblingsband, *Der giftige Gockel,* wurde von Megan und H. William Stine verfasst.

Batman heißt auf Schwedisch Läderlappen – genauso wie Johann Strauss' Operette *Die Fledermaus.*

Der Provokateur und Starautor Michel Houellebecq wurde 2019 in die Französische Ehrenlegion aufgenommen.

Exzentriker durch und durch: Oscar Wilde ging in London gerne mal mit seinem Hummer spazieren.

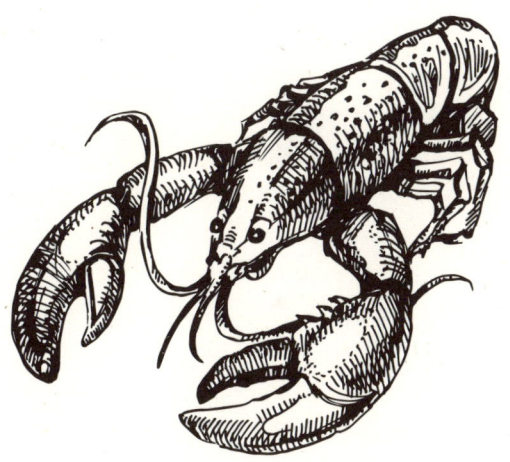

Thomas Bernhard liegt in Wien begraben – und zwar in einem Grab mit Förderin und »Lebensmensch« Hedwig Stavianicek.

Wenn die Enden von Verszeilen sich über Kreuz reimen, dann ist das ein Kreuzreim.

»Praktisch werden«, darunter versteht Anna Pollinger in Ödön von Horváths Roman *Der ewige Spießer* von 1930, sich für Sex ab sofort bezahlen zu lassen.

Das allegorische Gedicht *Psychomachia* des Dichters Prudentius, entstanden um 400 n. Chr., beschreibt den Kampf (griech. »mache«) göttlicher und teuflischer Mächte um die menschliche Seele (griech. »psyche«). Dabei geht es ziemlich heftig zu. So wird zum Beispiel die Keuschheit von der Wollust bedroht, rammt dieser jedoch ihr Schwert in den Hals.

Leo Tolstois *Krieg und Frieden* hat 1536 Seiten.

Das 1597 erschienene *Lalen-Buch* berichtet zum ersten Mal über die »wunderseltzamen Thaten« der Schiltbürger.

Buttercup aus *Die Braut des Prinzen*, der Verfilmung der *Brautprinzessin* von William Goldman, wird von derselben Schauspielerin gespielt wie Jenny in *Forrest Gump* und Claire Underwood in *House of Cards* – nämlich Robin Wright.

T. S. Eliot war eigentlich gebürtiger Amerikaner. 1927 erhielt er jedoch die britische Staatsbürgerschaft, trat der Church of England bei und legte sich sogar einen britischen Akzent zu.

In der Novelle *Die schwarze Spinne* von Jeremias Gotthelf aus dem Jahr 1842 wird ein Dorf von einer widerlichen Spinnenplage heimgesucht. Die Geschichte ist ein Gleichnis für den Einfluss von Gut und Böse auf das menschliche Dasein.

Jean-Paul Sartre machte Simone de Beauvoir gleich mehrere Heiratsanträge. Sie lehnte jedes Mal ab. Die gemeinsame Freiheit war ihr wichtiger.

Kaiser Karl der Große war ein echter Heldenlieder-Fan und sammelte diese um das Jahr 800 n. Chr. in seinem ganz persönlichen Heldenliederbuch.

Spiderman heißt auf Finnisch Hämähäkkimies.

*Ein Porträt des Künstlers als junger Mann* ist nicht etwa ein Gemälde, sondern der erste Roman des irischen Schriftstellers James Joyce – ein Bildungsroman, der 1916 erschienen ist.

Nach einem satirischen Gedicht gegen die »Sittlichkeitsprediger in Köln am Rheine« in der Zeitschrift *Simplicissimus* wurde der bayrische Schriftsteller Ludwig Thoma am 26. Juni 1905 zu sechs Wochen Stadelheim verurteilt. Er trat die Haftstrafe im Oktober an.

Als die kürzeste Gedichtform der Welt gilt der japanische Haiku. Wie er im Detail gebildet wird, würde hier den Rahmen sprengen. Halten wir fest: Es handelt sich um einen Dreizeiler.

In Miguel de Cervantes' 1605 veröffentlichtem Roman *Der sinnreiche Junker Don Quijote von der Mancha* ist besagter Junker den Ritterromanen verfallen und kann nicht mehr zwischen Dichtung und Realität unterscheiden. Der zweite Teil von 1615 endet damit, dass Don Quijote stirbt und seine Irrungen und Wirrungen bereut.

Die Anthologie *Mu'allaqat* aus dem 6. Jahrhundert ist eine berühmte Sammlung der besten arabischen Gedichte aus der vorislamischen Zeit.

New Journalism ist ein in der zweiten Hälfte des 20. Jahrhunderts entstandener Schreibstil, der die Grenzen zwischen objektivem Journalismus und subjektiver Literatur verschob. Truman Capotes Tatsachenroman *Kaltblütig* aus dem Jahr 1965 über den grauenhaften Mord an einer vierköpfigen Familie ist das perfekte Beispiel dafür.

Zum 700. Geburtstag von *Decamerone*-Autor Giovanni Boccaccio erschien eine Zwei-Euro-Münze mit seinem Porträt.

In Jeffrey Eugenides' Roman *Die Selbstmord-Schwestern* begehen fünf Schwestern kollektiven Selbstmord. Das Buch wurde 1999 von Sofia Coppola mit Kirsten Dunst in der Hauptrolle verfilmt.

Lust, mal wieder jemanden richtig schön zu provozieren? Besonders dafür geeignet ist die sogenannte Gelfrede, vom mittelhochdeutschen Wort »gelf« für Spott und Hohn.

Es ist unklar, ob der bekannte französische Autor Pierre Corneille womöglich einige der Dramen Molières als dessen Ghostwriter verfasst hat.

Erst 56 Jahre nach dem rätselhaften Verschwinden von Antoine de Saint-Exupéry, dem geistigen Vater des kleinen Prinzen, bei einem Aufklärungsflug 1944 fand man Wrackteile seines Flugzeugs im Mittelmeer.

So großartig sich ein Heftroman von Hedwig Courths-Mahler auch heute noch liest, die Blütezeit des deutschen Heftromans war in den Jahren 1905 bis 1914 – nie später oder zuvor gab es mehr Reihen oder höhere Auflagen.

Das S. im Namen der Pulitzer- und Literaturnobelpreisträgerin Pearl S. Buck steht für Sydenstricker.

Es geht auf eine Reise? Da wäre es vielleicht eine gute Idee, ein Apopemptikon zu sprechen, ein Abschiedsgedicht. Die Zurückgebliebenen schicken dann im Idealfall ein Propemptikon mit auf den Weg, in dem sie eine gute Reise wünschen.

Mark Twain ließ sich ein Brettspiel patentieren, bei dem man bestimmten historischen Ereignissen eine Jahreszahl zuordnen muss.

Das Merz-Gedicht *An Anna Blume* von Kurt Schwitters aus dem Jahr 1919 beginnt mit den Worten: »Oh Du, Geliebte meiner 27 Sinne, ich liebe Dir!«

In den Romanen des US-amerikanischen Schriftstellers Paul Auster taucht immer wieder eine Romanfigur namens Anna Blume auf.

Das Deutsche Literaturarchiv befindet sich in Friedrich Schillers Geburtsort Marbach am Neckar. Dort finden sich die Nachlässe von Franz Kafka, Eduard Mörike, Ilse Aichinger, Paul Celan, Käte Hamburger und vielen mehr.

Superman heißt auf Finnisch Teräsmies.

Das erste Atom-U-Boot der Welt wurde 1954 benannt nach dem U-Boot von Jules Vernes' Kapitän Nemo aus *20.000 Meilen unter dem Meer*: USS Nautilus.

Der Schriftsteller und Philosoph Henry Thoreau bezog seine selbst erbaute Blockhütte am 4. Juli 1845 und blieb dort zwei Jahre: »Ich ging in die Wälder, weil ich bewusst leben wollte.«

Der im 17. Jahrhundert lebende englische Autor John Milton schrieb nicht nur auf Englisch und Latein, sondern auch auf Italienisch.

233 Seiten – und doch kein einziges Verb – der Roman *Le train de nulle part* von Michel Dansel.

Der Zauberer David Copperfield hieß ursprünglich David Kotkin – benannte sich allerdings nach der Romanfigur von Charles Dickens um.

Den Sinnspruch »Carpe diem« (Nutze den Tag) findet man heutzutage auf zahlreiche Schulterblätter tätowiert. Das Gegenstück und die Begründung dazu, die aus barocken Texten nicht wegzudenken ist, ist die Aufforderung »Memento mori« (Gedenke des Todes).

In der Walhalla in Regensburg trägt die Büste von Joseph von Eichendorff die Nummer 095.

Frank Wedekinds Beerdigung im Frühjahr 1918, nachdem er nach einer Blinddarmoperation verstorben war, war ein regelrechter Skandal: Zahlreiche Prostituierte nahmen daran teil.

Die Abkürzung rororo steht für Rowohlts Rotations-Romane. Die rororos wurden im sogenannten Rotationsdruck hergestellt.

George R. R. Martin, der Autor der Reihe *Das Lied von Eis und Feuer,* verwendet das aus den 1980er Jahren stammende Textverarbeitungsprogramm WordStar. Vielleicht braucht er deshalb so lange für den sechsten (nach deutscher Zählung den elften und zwölften) Teil?

Im Alter von 65 Jahren heiratete der Schriftsteller und Literaturtheoretiker Johann Christoph Gottsched in zweiter Ehe die 19-jährige Ernestine Susanne Katharina Neunes. Sie wurde mit 20 Jahren bereits Witwe.

Der Spruch »Noch ein Martini und ich lieg unterm Gastgeber« stammt von der Kurzgeschichtenkönigin Dorothy Parker. Er ist auch der Titel der Parker-Biografie von Michaela Karl.

Die *Abele Spelen* aus der Mitte des 14. Jahrhunderts sind das älteste Zeugnis niederländischer weltlicher Dramendichtung – unter anderem darin enthalten: die Allegorie *Vanden Winter ende vanden Somer*, die einen Kampf zwischen Winter und Sommer beschreibt.

Patricia Highsmiths Erstling *Zwei Fremde im Zug* von 1950 wurde bereits ein Jahr nach Erscheinen von Alfred Hitchcock verfilmt – und machte sie berühmt.

In *Die Tribute von Panem* gibt es neben dem Kapitol zwölf Distrikte. Der dreizehnte wurde nach einem Aufstand vollständig vernichtet. Angeblich.

Eine Rosamunde-Pilcher-Verfilmung im ZDF hat im Schnitt sieben Millionen Zuschauer.

In ihrem Lied *Unterwegs* von 1998 wandten sich die Sportfreunde Stiller direkt an den Autor des gleichnamigen Kultbuchs: »Wo warst du heut Nacht, Jack Kerouac, ich habe dich gesucht.«

Der vollständige Name von Ibn Tufail, dem Autor der Robinsonade avant la lettre *Der Philosoph als Autodidakt* aus dem 12. Jahrhundert, lautet: Abu Bakr Muhammad ibn ʿAbd al-Malik ibn Muhammad ibn Tufail al-Qaisi al-Andalusi.

Unter Halbband versteht der Buchfachmann einen Einband, der nicht aus einem Material, sondern aus zwei verschiedenen besteht, zum Beispiel aus Leinen und Papier.

Thomas Hardys Roman *Tess von den d'Urbervilles* aus dem Jahr 1891, der die strenge Sexualmoral seiner Zeit vehement hinterfragt, wurde 1979 von Roman Polanski mit Nastassja Kinski in der Hauptrolle verfilmt.

TKKG-Erfinder Peter Wolf hatte über 100 Pseudonyme, unter denen er Jugendbücher, Drehbücher und vieles mehr schrieb. Genauer gesagt war auch Peter Wolf ein Pseudonym. Eigentlich hieß er Rolf Kalmuczak.

In seinem Ende des 19. Jahrhunderts verfassten *Reigen*, einer Serie von erotischen Dialogen, bei denen A mit B, B mit C, C mit D … schläft, nahm der Wiener Autor Arthur Schnitzler Elemente des mittelalterlichen Totentanzes auf. Im Bett und vor dem Tod sind alle Menschen gleich.

In Victor Hugos *Les Misérables* gibt es einen Satz, der 823 Worte lang ist.

Ödön von Horváth, Autor unter anderem von *Geschichten aus dem Wienerwald* von 1931, war Ungar, schrieb jedoch auf Deutsch.

*Die Aufstellung des 1. FC Nürnberg vom 27.1.1968* ist ein Gedicht von Peter Handke. Der Spielbeginn war jedoch anders als dort angegeben 14 Uhr, nicht 15 Uhr. Zudem gibt es Abweichungen bei der Spieleraufstellung. Aber es ist ja auch ein Gedicht, kein *Kicker*-Artikel.

Über 225 Millionen Mal haben sich die Bücher des brasilianischen Bestsellerautors Paulo Coelho verkauft – Stand Frühsommer 2020, Tendenz steigend.

Fast 18.000 Comicstrips zeichnete *Peanuts*-Schöpfer Charles M. Schulz im Laufe seines Lebens.

In dem französischen Decadènce-Roman *Gegen den Strich* von Joris-Karl Huysmans aus dem Jahr 1884 lässt der »Held« den Panzer einer Riesenschildkröte derart mit Gold und Edelsteinen »verschönern«, dass das Tier daran stirbt.

Im vierten Band der *Little Women*-Reihe (in Deutschland kennt man eher die ersten beiden Bände unter dem Titel *Betty und ihre Schwestern*), *Jo's Boys* von 1886, vertritt Louisa May Alcott die gewagte Ansicht, dass es für Frauen durchaus eine Option ist, nie zu heiraten und selbst zu arbeiten.

Im Science-Fiction-Roman *Auf zwei Planeten* von Kurd Laßwitz aus dem Jahr 1897 kommt es zu einer Begegnung zwischen Erdbewohnern und Martiern (sie heißen zwar nicht Marsianer, kommen aber von dort), die zunächst friedlich verläuft, dann jedoch kriegerische Züge annimmt.

Das deutsche Pendant zum US-amerikanischen Science-Fiction-Preis Nebula Award ist übrigens der 1980 ins Leben gerufene Kurd-Laßwitz-Preis.

Elsa, die Eiskönigin, und ihre Schwester Anna kennt man, oder? Zurück geht der Disney-Kracher *Die Eiskönigin* auf das Kunstmärchen *Die Schneekönigin* des dänischen Dichters Hans Christian Andersen.

Johann Heinrich Voß, der Zeitgenosse Goethes, schrieb zwar auch einige eigene Gedichte – bekannt ist er der Nachwelt jedoch vor allem für seine großartigen Übersetzungen der Homer'schen Werke und anderer Klassiker der Antike.

Unkritisch und nach Konsum strebend – zu diesem Ergebnis kommt die Analyse der Generation der zwischen 1965 und 1975 Geborenen durch Florian Illies in seinem Bestseller *Generation Golf* aus dem Jahr 2000. Er darf das schreiben, er selbst wurde nämlich am 4. Mai 1971 geboren.

Angeblich inspirierte den schwedischen Autor der *Millennium*-Trilogie Stieg Larsson zu seiner Figur Lisbeth Salander die Frage, wie wohl eine erwachsene Pippi Langstrumpf handeln würde.

Ernst Jandls Lautgedicht *schtzngrmm* (er selbst bevorzugte den Begriff »Sprechgedicht«) aus dem Jahr 1957 baut auf das Wort Schützengraben auf – allerdings ohne Vokale – und schafft es, allein mit dessen Buchstaben eine regelrechte Geschichte zu erzählen. Bis zum »t-tt« am Ende.

Julian Fellowes aka Julian Alexander Kitchener-Fellowes, Baron Fellowes of West Stafford, ist der oscarprämierte Drehbuchautor von *Gosford Park* und *Downton Abbey*. Seine Romane *Eine Klasse für sich* und *Snobs* sind aber noch viel besser!

Die Pop-Literatin und Gewinnerin des Deutschen Jugendliteraturpreises Alexa Hennig von Lange war früher als Autorin für die Fernsehserie *Gute Zeiten, schlechte Zeiten* tätig.

Angeblich konnte der im 17. Jahrhundert lebende japanische Dichter Ihara Saikaku mehrere Tausend Gedichte an einem Tag verfassen.

1886 schoss der psychisch kranke Neffe von Jules Verne mit einer Pistole auf seinen Onkel. Dieser erholte sich davon nie vollständig.

Anton Reiser, der Protagonist von Karl Philipp Moritz'
gleichnamigem psychologischem Roman aus der 2. Hälfte
des 18. Jahrhunderts, ist nicht nur empfindsam – er ist über-
empfindlich, mit einem deutlichen Hang zur Hypochondrie.

Die Startauflage für den fünften *Harry Potter*-Band lag allein
in Deutschland bei zwei Millionen Stück.

Nun sag, wie hast du's mit der Religion? Goethe äußerte sich
in diesem Kontext angeblich folgendermaßen: Er sei »in der
Naturkunde und Philosophie ein Atheist, in der Kunst ein
Heide und dem Gefühl nach ein Christ«.

Unerwünscht, immer wieder verboten – im Schnitt dauerte
es um die 15 Jahre, bis ein Stück des ostdeutschen Dramatikers Heiner Müller auf den DDR-Bühnen zu sehen war.

Pamela Lynwood Travers, australisch-britische Schriftstellerin und geistige Mutter von *Mary Poppins,* hasste die Disney-
Adaption ihres Buchs. Das Kindermädchen im Film war ihr
nicht streng genug und die Animationen lehnte sie rundweg
ab.

Der Roman *Der Club der toten Dichter* von Nancy H. Kleinbaum aus dem Jahr 1989 entstand erst nach dem Film auf der Grundlage des Drehbuchs.

Klar kennt man das Hörspiel – heute weniger bekannt ist das sogenannte Fernsehspiel, eine Theaterform, die ausdrücklich für das Fernsehen bestimmt war.

In Doris Dörries Roman *Der Mann meiner Träume* von 1992 findet das Fotomodel Antonia den Mann ihrer Träume. Er ist ein Penner.

Auf Platz 1 der von der Pariser Tageszeitung *Le Monde* erstellten Liste »Die 100 Bücher des Jahrhunderts« steht *Der Fremde* von Albert Camus.

Hans Fallada, der Autor des Weltbestsellers *Kleiner Mann – was nun?* von 1932, heißt eigentlich Rudolf Wilhelm Friedrich Ditzen. Der Vorname Hans bezieht sich auf *Hans im Glück*, Fallada auf das Pferd im Märchen *Die Gänsemagd*.

Der »Erfinder« des Mantel- und Degenstücks ist Lope de Vega. Er lebte Ende des 16. und Anfang des 17. Jahrhunderts und verfasste vermutlich um die 1500 *Comedias* – 500 sind heute noch erhalten.

Das Deutsche Literaturarchiv in Marbach enthält auch Verlagsarchive – unter anderem von S. Fischer, Rowohlt und Suhrkamp.

Catherine Millet, die in ihrem autobiografischen Werk *Das sexuelle Leben der Catherine M.* aus dem Jahr 2001 ihr freizügiges Sexualleben schildert, ist eigentlich Kunstexpertin.

Die Lyriksammlung *Menschheitsdämmerung* von Kurt Pinthus aus dem Jahr 1919 vereint die Gedichte der heute wichtigsten expressionistischen Dichter – sechs davon erlebten das Erscheinen des Bands nicht mehr. Einer davon ist Georg Heym. Er verunglückte mit nicht einmal 25 Jahren beim Eislaufen tödlich, als er einem eingebrochenen Freund zu Hilfe eilen wollte. Dennoch liegen von ihm etwa 500 Gedichte vor. Vier weitere fielen im Ersten Weltkrieg: Alfred Lichtenstein, Ernst Wilhelm Lotz, August Stramm und Ernst Stadler. Die Nummer sechs, Georg Trakl, starb in einem Krakauer Militärhospital an einer Überdosis Kokain.

Der Publizist und Schriftsteller Fritz Raddatz bezeichnete den Schweizer Lyriker Durs Grünbein einmal als »dichtende Luftnummer«.

Die Romanreihe *His Dark Materials* von Philip Pullman mit ihren Einzelbänden *Der Goldene Kompass, Das Magische Messer* und *Das Bernstein-Mikroskop* wurde zwar auf Deutsch übersetzt – nicht aber der Titel. In Deutschland läuft das Ganze unter *Der Goldene Kompass – Die Trilogie.*

Rolf Hochhuths »christliches Trauerspiel« *Der Stellvertreter* von 1963 spielt im Jahr 1942 und hat die Haltung des Vatikans zum Holocaust zum Thema.

Für *Jenseits von Eden* verbrauchte John Steinbeck angeblich 300 Bleistifte.

Das Gedicht *Diese Erinnerung an einen, der nur einen Tag zu Gast war* von Botho Strauß aus dem Jahr 1985 erstreckt sich über 75 Seiten.

Weil die Frau des britischen Schriftstellers Evelyn Waugh auch Evelyn hieß, bezeichneten die beiden sich als »He-Evelyn« und »She-Evelyn«.

Wissenschaftler gehen davon aus, dass die Ursprünge der morgenländischen Sammlung *1001 Nacht* in Indien liegen – um das Jahr 250 n. Chr.

Bei so richtig, richtig alten Texten weiß man ja nie so genau, welche Fassung von welcher abgeschrieben wurde. Die Textkritik versucht, das zu rekonstruieren. Der Stammbaum, in dem solche Zusammenhänge dann dargestellt werden, nennt man Stemma.

Die Sammlung seiner besten lyrischen Werke wollte der französische Dichter Guillaume Apollinaire 1912 eigentlich unter dem Titel *Eau-de-vie* (dt.: Schnaps) herausbringen – er entschied sich dann jedoch für *Alcools* (dt.: Alkoholika) und eliminierte kurzerhand noch die komplette Interpunktion im Buch.

Anfang der 2000er Jahre hatte Popliterat Benjamin von Stuckrad-Barre eine eigene Literatur-/Mediensendung – und zwar auf MTV.

Kuttel Daddeldu ist eine Kunstfigur von Joachim Ringelnatz. Kuttel gibt es seit 1920, er ist ein schlecht gelaunter Seemann, der in Ringelnatz' Gedichten sein Unwesen treibt.

»Romantische Ironie« hat mit dem, was man gemeinhin unter Ironie versteht, wenig zu tun. Was es genau ist, ist schwer zu erklären. Vereinfacht gesagt heißt romantische Ironie, die Bedingungen der Produktion beim Produzieren mitzudenken und auch darzustellen.

Die Tanz-Band Tiffanys aus Heinz Strunks autobiografischem Roman *Fleisch ist mein Gemüse* von 2004 gab es wirklich. Von 1985 bis 1997 tingelte Strunk mit der Gruppe durch Norddeutschland.

Den angeblich schönsten Tod erlebte der *Schöne neue Welt*-Autor Aldous Huxley in Los Angeles. Seine Frau half ihm mit einer Dosis LSD hinüber auf die andere Seite. Er starb am selben Tag wie John F. Kennedy: am 22. November 1963.

Die fünf Bände des Romanzyklus *Gargantua und Pantagruel* des französischen Schriftstellers, Klerikers und Arztes François Rabelais erschienen von 1532 bis 1564. Gargantua ist übrigens ein Riese – und Pantagruel, sein Vater, ebenfalls.

*Interview mit einem Vampir* aus dem Jahr 1976 war der Debütroman von Anne Rice. Es folgte eine ganze Reihe von Vampirgeschichten. 2004 wurde Rice für ihr Lebenswerk ausgezeichnet – passend zum Genre mit dem Bram Stoker Award.

Es gibt auch einen Militär-Struwwelpeter. Er entstand um 1875 und beginnt mit den Worten: »Wenn Recruten artig sind kommt zu ihnen das Christkind …«

*El gran teatro del mundo*, also *Das große Welttheater* von Calderón, entstanden vermutlich um 1630, ist ein Auto sacramental. Das hat nichts mit Automobil zu tun, sondern geht zurück auf das lateinische Wort »actus« für Handlung.

Faustina, von der es in Goethes *Römischen Elegien* heißt: »sie teilet das Lager/Gern mit mir«, war die Tochter des Gastwirts Agostino di Giovanni und Kellnerin in der Osteria alla Campana.

Im Mai 1952 las Paul Celan die *Todesfuge* bei einem Treffen der Gruppe 47 und stieß auf großes Unverständnis. Hans Werner Richter, der in der Regel als Moderator der Diskussionen fungierte, urteilte ignorant, Celan habe »in einem Singsang vorgelesen wie in einer Synagoge«.

In *Dornenvögel*, dem Schnulzenepos der australischen Schriftstellerin Colleen McCullough von 1977, heiratet die Protagonistin Meggie Cleary den Rüpel Luke O'Neill, weil er ihrem geliebten Pater Ralph so ähnlich sieht.

*Daphnis und Chloe* ist ein spätantiker Liebesroman, der auf Lesbos spielt und vom Finden, Verlieren und Wiederfinden der Liebe handelt. Geschrieben wurde er vermutlich im 2. Jahrhundert n. Chr.

Nobelpreisträger William Faulkner liebte Jack Daniel's Old No. 7. Ob mit oder ohne Cola, darüber schweigen die Quellen.

In ihren Erinnerungen aus dem Jahr 2000 berichtete die Tochter von J. D. Salinger, ihr Vater habe seinen eigenen Urin getrunken, Tiefkühlerbsen gefrühstückt und als älterer Mann Brieffreundschaften mit jungen Mädchen gehalten.

Eine gerade einmal 797 Wörter lange Kurzgeschichte – ein Prequel von J. K. Rowling zu *Harry Potter* – wurde 2008 für den guten Zweck versteigert. Der Text erzielte einen Erlös von umgerechnet mehr als 30.000 Euro.

Ernst von Wildenbruch, der Mann hinter den großen Historiendramen der Gründerzeit, war eigentlich Diplomat – und in Beirut geboren.

In seinem Essay *Ein bescheidener Vorschlag im Sinne von Nationalökonomen, wie Kinder armer Leute zum Wohle des Staates am Besten benutzt werden können* schlug der irische Schriftsteller und Satiriker Jonathan Swift 1729 vor, irische Babys als Nahrungsmittel einzusetzen.

1890 wurden beim sogenannten Leipziger Realistenprozess der Verleger Wilhelm Friedrich sowie seine drei Autoren Conrad Alberti, Hermann Conradi und Wilhelm Walloth wegen unzüchtiger Schriften angeklagt. Der Verleger wurde freigesprochen. Conradi starb vor der Urteilsverkündung. Die anderen beiden wurden zu Geldstrafen verurteilt.

Seit dem 8. September 1961 erscheint – ohne Unterbrechung – jede Woche ein *Perry Rhodan*-Heft.

Die Quote dafür, dass Louise Glück den Literatur-Nobelpreis gewinnt, lagen 2020 bei 1:25.

Wolf Biermann ist der Stiefvater von Nina Hagen.

In seinem ab 1993 erschienenen zehnbändigen Werk *Das Echolot* sammelte der deutsche Schriftsteller Walter Kempowski die unterschiedlichsten Zeugnisse aus dem Zweiten Weltkrieg und schuf auf diese Weise – so auch der Untertitel – ein »kollektives Tagebuch« dieser Zeit. An das autobiografische Material privater Personen, das er dafür benötigte, kam er zum Teil, indem er Anzeigen in der *Zeit* aufgab. So entstand auch sein »Archiv für unpublizierte Autobiographien«, das heute von der Akademie der Künste in Berlin betreut wird.

Der indische Schriftsteller Vikram Seth wurde am 20. Juni 1952 in Kolkata geboren – so lautet der offizielle Name von Kalkutta.

In der myanmarischen Stadt Mandalay befinden sich 729 kleine Tempel, die jeweils eine Marmorplatte mit Informationen zum Leben und Wirken Buddhas enthalten. Zusammen bilden diese Platten das größte Buch der Welt.

*Dann gibt es nur eins!* lautet der Titel des kurz vor seinem Tod 1947 entstandenen Texts von Wolfgang Borchert. Aber was ist dieses eine? »Wenn sie dir morgen befehlen, du sollst keine Wasserrohre und keine Kochtöpfe mehr machen – sondern Stahlhelme und Maschinengewehre, dann gibt es nur eins: Sag NEIN!«

Dafür, dass es um einen sehr langen Zeitraum geht, ist *Eine kurze Geschichte der Menschheit* des israelischen Historikers Yuval Noah Harari tatsächlich ziemlich kurz: nur 528 Seiten – und die lesen sich wirklich ganz fix.

Mit seinem Text *Publikumsbeschimpfungen* von 1966 will der österreichische Dichter Peter Handke zum Nachdenken anregen – und zwar über das Theater selbst. Entsprechend beginnt der Text mit den Worten: »Sie werden kein Schauspiel sehen. Ihre Schaulust wird nicht befriedigt werden. Sie werden kein Spiel sehen. Hier wird nicht gespielt werden.«

Am 25. Februar 1983 erstickte der Schriftsteller Tennessee Williams an der Verschlusskappe seiner Augentropfen.

Angeblich stahl Hemingway ein Urinal aus seiner Lieblingsbar. Er habe da schon so viel Geld reingepinkelt, das Ding gehöre praktisch ihm.

Jules Maigret, Kopfgeburt des belgischen Schriftstellers Georges Simenon, tritt in 75 Romanen und 28 Erzählungen auf. Nicht immer kommt es darin zu einer Verhaftung. Manchmal lässt der Kommissar der Pariser Kriminalpolizei die überführten Missetäter auch laufen.

Etwas Sissi gefällig? *Das poetische Tagebuch* von Kaiserin Elisabeth von Österreich-Ungarn mit zahlreichen von ihr verfassten Gedichten kann unter anderem auf projekt-gutenberg.org eingesehen werden.

Charlotte von Stein, Busenfreundin von Goethe, bezeichnete Christiane Vulpius, die Lebensgefährtin von Goethe, abfällig als »das Kreatürchen«.

In William Goldings 1954 erschienenem Roman *Herr der Fliegen* liegt die Provokation vor allem darin, dass die auf einer Insel gestrandeten Kinder, die ja eigentlich von Natur aus als rein und gut gelten, immer weniger rein und gut werden, je »natürlicher« sie werden.

Hinter dem Anne-Hathaway-Film *Plötzlich Prinzessin* von 2001 steht eine ganze Romanserie um Prinzessin Mia. Die Autorin: Meggin Patricia Cabot aka Meg Cabot.

Der Begriff »Epoche« kommt aus dem Griechischen und bedeutet »Haltepunkt«.

Ihr erstes und wohl berühmtestes Buch *Bonjour tristesse* von 1954 schrieb die französische Autorin Françoise Sagan im Alter von 18 Jahren, während sie an der Sorbonne Literatur studierte.

Das bisher unbekannte Werk einer Schülerin von Sappho sollten die 1894 von Pierre Louÿs, einem französischen Lyriker der Jahrhundertwende, herausgegebenen *Lieder der Bilitis* angeblich sein – sie stammten jedoch von ihm selbst. Eine solche Imitation des Stils einer bestimmten Person oder Epoche nennt man Pastiche.

1977 verbrachte der schwedische Autor Stieg Larsson einige Zeit in Eritrea, wo er für die Eritreische Volksbefreiungsfront eine Gruppe von Guerillakämpferinnen ausbildete.

Schon im Alter von 15 Jahren veröffentlichte die italienische Autorin und spätere Literatur-Nobelpreisträgerin von 1926 Grazia Deledda erste Erzählungen und Gedichte in diversen Zeitungen.

Adalbert Stifters *Der Nachsommer* von 1857 trägt den Untertitel »Eine Erzählung«. Das Buch hat 784 Seiten.

Knut Hamsun, norwegischer Schriftsteller, Literaturnobelpreisträger von 1920 und Autor des Romans *Segen der Erde*, wurde nach dem Zweiten Weltkrieg zu einer Geldstrafe verurteilt, weil er mit den Nazis kollaboriert hatte.

Mit seinen Romanen verdiente Edgar Wallace, der »King of Thrillers« nicht schlecht. Er fuhr einen gelben Rolls-Royce, betrieb einen eigenen Rennpferdestall und war dem Glücksspiel nicht abgeneigt.

Über Laurence Sterne, den Autor von *Leben und Ansichten von Tristram Shandy, Gentleman* sagte Gotthold Ephraim Lessing: Auch wenn er selbst nur noch acht oder zehn Jahre zu leben hätte – er würde Sterne fünf davon abgegeben, nur damit dieser diese Zeit noch schreibend verbringen könnte.

Nachdem der verliebte Orientalist Friedrich Carl Andreas einen Selbstmordversuch vor den Augen der Schriftstellerin Lou Andreas-Salomé unternommen hatte, erklärte diese sich bereit, ihn zu heiraten – jedoch unter der Bedingung, dass die Ehe nie vollzogen würde.

Mit 20 Jahren heiratete Colette den 14 Jahre älteren Journalisten Henry Gauthier-Villars, der ihr literarisches Talent erkannte und sie zum Schreiben anhielt. Ihre autobiografisch geprägten *Claudine*-Romane, geschrieben in einer weiblichen Ich-Perspektive, veröffentlichte Gauthier-Villars ab 1896 unter seinem eigenen Pseudonym: Willy.

Als der Roman *Der Gott der kleinen Dinge* der indischen Schriftstellerin Arundhati Roy Mitte der 1990er Jahre verschiedenen Verlagen zum Kauf angeboten wurde, mussten die Antworten der Verlage an das Faxgerät von Roys Nachbarn verschickt werden. Sie selbst besaß keines.

Der altjapanische Liebesroman *Die Geschichte vom Prinzen Genji*, der um das Jahr 1000 n. Chr. entstand, stammt von einer Frau, der Hofdame Murasaki Shikibu. Es gibt auch eine Manga- und eine Videospieladaption des Buchs.

Obwohl der Ich-Erzähler in dem 1971 erschienenen Roman *Chronik in Stein* namenlos bleibt, wird der Text des albanischen Autors Ismail Kadare als autobiografisch angesehen. Unter anderem ist darin seine Heimatstadt Gjirokastra mit ihren rohen, sich am Hang drängenden Häusern aus Stein von zentraler Bedeutung.

Das Segelschulschiff Gorch Fock der Deutschen Marine wurde benannt nach dem Autor von *Seefahrt ist not!,* einem 1913 erschienenen hochdeutschen Roman, in dem die Dialoge auf Plattdeutsch sind.

Von jedem – nicht privaten – Buch, das in Deutschland veröffentlicht wird, muss mindestens ein Exemplar an die Deutsche Nationalbibliothek abgegeben werden. Das steht im Gesetz über die Deutsche Nationalbibliothek.

Im 1947 gegründeten Münchner Marionettentheater Kleines Spiel werden Theaterstücke für Erwachsene aufgeführt. Der Dramatiker Tankred Dorst schrieb ab den 1950er Jahren zeitkritische Stücke dafür. Einige davon stehen noch heute auf dem Programm.

Ein Rubrikator war im Mittelalter an der Erstellung von Handschriften beteiligt – nicht, indem er sie abschrieb, sondern indem er wichtige Stellen, also Initialen, Überschriften, Zusammenfassungen, besonders farblich hervorhob. Der Rubrikator wurde eigens für diese Tätigkeit ausgebildet.

Die britische Autorin Amanda Grange wurde bekannt dadurch, dass sie zahlreiche Jane-Austen-Romane aus der Sicht der männlichen Helden nacherzählte.

Gottfried Kellers Schullaufbahn endete abrupt. Wegen der Teilnahme an einem »Aufmarsch« wurde er als vermeintlicher Rädelsführer aus der Industrieschule geworfen. Aus dem jungen Mann ist trotzdem etwas geworden, nämlich der Autor von *Der grüne Heinrich*, *Die Leute von Seldwyla* und vielen weiteren Texten.

Theodor Pliviers Roman *Stalingrad* aus dem Jahr 1945 über den Untergang der 6. Armee, für den er noch im Krieg Überlebende der Schlacht von Stalingrad interviewte, ist Teil einer Trilogie, deren beiden andere Bände *Moskau* und *Berlin* heißen.

Die meisten seiner Romane schrieb Theodor Fontane erst im Alter – zum Beispiel *Der Stechlin* Mitte der 1890er Jahre: Da war Fontane schon weit über 70.

Die englische Schauerroman-Autorin Ann Radcliffe beendete ihre Schriftstellerinnenkarriere bereits mit Anfang 30. Der Grund? Unbekannt. Geheimnisvoll wie ihre Geschichten. Bis dahin hatte sie sechs Romane veröffentlicht – angefangen hatte sie übrigens aus reiner Langeweile.

Die Probleme der Gegenwart waren für den Schweizer Dramatiker Friedrich Dürrenmatt so schlimm, dass als einziger Ausweg nur die Lösung blieb, sich darüber lustig zu machen. Es entstand die Tragikomödie. Das beste Beispiel? *Die Physiker* von 1962.

Die unzensierte Version von David Herbert Lawrences Roman *Lady Chatterley*, erstmals im Jahr 1928 erschienen, durfte in England erst rund 30 Jahre später wieder veröffentlicht werden. Darauf hatten die Fans offenbar sehnlichst gewartet: 200.000 Exemplare gingen direkt an den ersten Tagen nach Erscheinen am 10. November 1960 über den Ladentisch – die komplette Startauflage!

In dem Stück *Sechs Personen suchen einen Autor*, dem größten Erfolg des sizilianischen Literatur-Nobelpreisträgers von 1934 Luigi Pirandello, taucht bei einer Theaterprobe plötzlich eine sechsköpfige Familie auf und verlangt, »gespielt zu werden«.

Der 1899 in Buenos Aires geborene und vor allem für seine fantastischen Erzählungen bekannte argentinische Autor Jorge Luis Borges gilt wegen seiner Vorliebe für das Spiel mit dem Leser als ein Vorläufer der Postmoderne.

1655 starb bei der großen Pest von London ein Fünftel der Bevölkerung der Stadt. Daniel Defoe, damals um die fünf Jahre alt und späterer Autor von Robinson Crusoe, überlebte.

George Lukács war ein ungarischer Philosoph und Literaturwissenschaftler, George Lucas ist ein amerikanischer Drehbuchautor, Produzent und Regisseur.

Um 1800 wurden Autoren in der Regel pro Bogen bezahlt. Im Schnitt lag dieses Honorar bei fünf bis sieben Talern.

Die meisten seiner gewaltpornografischen Schriften verfasste der Marquis de Sade bei seinen langen Aufenthalten in Gefängnissen oder psychiatrischen Anstalten. *Die 120 Tage von Sodom* schrieb er zum Beispiel 1785 bei einem Aufenthalt in der Bastille auf eine zwölf Meter lange und nur elf Zentimeter breite Papierrolle. De Sade glaubte sie nach dem

Sturm auf die Bastille verloren, allerdings hatte jemand die Rolle gefunden und an sich genommen.

Schon mal ein Buch aufgeschlagen? Sicherlich – und zugleich nicht wirklich. Denn die Formulierung stammt aus dem Mittelalter, als Bücher von Messingklammern fest verschlossen gehalten wurden, um ein Aufquellen der Seiten zu verhindern. Um die Klammern zu öffnen, schlug man am besten auf das Buch, im wahrsten Sinne des Wortes!

Die tyrannische Schuldirektorin im Kinderroman *Matilda* des norwegisch-walisischen Schriftstellers Roald Dahl heißt Fräulein Knüppelkuh.

Im Gegensatz zum Bestseller landet ein Longseller nicht unbedingt in den aktuellen Verkaufscharts, doch er läuft und läuft und läuft …

Der expressionistische Dichter Jakob van Hoddis starb 1942 aller Wahrscheinlichkeit nach im Vernichtungslager Sobibór.

Lauren Weisberger, die Autorin von *Der Teufel trägt Prada*, war nach ihrem Studium tatsächlich einige Zeit die Assistentin von Anna Wintour, der Chefredakteurin der US-amerikanischen Ausgabe der Modezeitschrift *Vogue*.

Obwohl die deutschsprachige, 1907 in Chrzanów geborene Dichterin Mascha Kaléko eine gute Schülerin war, befand ihr Vater es für ein Mädchen unnötig zu studieren. Stattdessen machte Kaléko eine Bürolehre.

Carl Zuckmayers Stück *Der Hauptmann von Köpenick. Ein deutsches Märchen in drei Akten* von 1931 beruht auf einer wahren Begebenheit. So besetzte der Schuhmacher Friedrich Wilhelm Voigt im Oktober 1906 das Rathaus von Köpenick, ließ den Bürgermeister verhaften und raubte die Stadtkasse.

Der Science-Fiction-Roman *Das große Spiel*, auch bekannt als *Enders Spiel*, von Orson Scott Card erschien 1977 zunächst nur als Kurzgeschichte und wurde 1985 dann zum Roman ausgebaut.

Im Jahr 1667 oder 1668 lieh sich Robert Walpole, Vater des späteren ersten Premierministers von Großbritannien, ein

Buch im Sidney Sussex College in Cambridge aus, das er nie zurückgab. Erst 1956 übergab ein Forscher das Buch, das er im Nachlass von Walpole entdeckt hatte, der Bibliothek.

Spoiler-Alarm: Der Zauberer im Kinderbuch *Der Zauberer von Oz* von 1900 ist eigentlich ein in Oz gestrandeter Schauspieler.

1334 dreispaltig mit Schreibmaschine und Hand beschriebene DIN-A3-Seiten – so sah das Manuskript von Arno Schmidts *ZETTEL'S TRAUM* aus dem Jahr 1970 aus.

Nicht Biologie, sondern kulturelle Prägung – darauf führte die 1831 geborene Schriftstellerin und Frauenrechtlerin Hedwig Dohm Unterschiede zwischen den Geschlechtern zurück. Übrigens als eine der Ersten.

In seinem Stück *Wir sind noch einmal davongekommen* von 1942 lässt der US-amerikanische Schriftsteller Thornton Wilder nicht nur die Familie Antrobus stellvertretend für die ganze Menschheit die Katastrophen der Geschichte – Eiszeit, Sintflut und Krieg – durchleben. In dem Stück tauchen neben Moses, Homer und den Musen unter anderem auch ein Drache, ein Dinosaurier sowie ein Eisbär-Baby auf.

Im Jahr 1951 wurden 14.094 Titel pro Jahr produziert – 2010 waren es 95.838. Tendenz in den letzten Jahren jedoch fallend. 2019 waren es 78.746 Titel.

Łódź, die polnische Stadt, in der *Jakob der Lügner*-Autor Jurek Becker am 30. September 1937 geboren wurde, spricht man »Wudsch« aus.

Hans Christian Andersen litt an Legasthenie. Gustave Flaubert auch.

Hoffmann von Fallersleben schrieb 1841 auf Helgoland nicht nur *Das Lied der Deutschen,* sondern auch 550 Kinderlieder, zum Beispiel *Kuckuck, Kuckuck, ruft's aus dem Wald* und *Morgen kommt der Weihnachtsmann.*

*Struwwelpeter*-Autor Heinrich Hoffmann war Mitglied der Freimaurerloge Zur Einigkeit – trat aber wieder aus, da diese keine Juden aufnahm.

Im Alter wurde Jonathan Swift, der Autor von *Gullivers Reisen,* ein bisschen seltsam. So veröffentlichte er 1733

eine Abhandlung über den menschlichen Stuhlgang – angeblich.

Schon im Jahr 1938 begann Anna Seghers mit der Arbeit an dem KZ-Roman *Das siebte Kreuz*.

In seinem 1946 in der Zeitschrift *Der Ruf* veröffentlichten Gedicht *Latrine* reimte der Lyriker Günter Eich – wie skandalös – »Hölderlin« auf »Urin«.

Das Gedicht *An sich* des barocken Dichters und Arztes Paul Fleming hat einige heute noch wertvolle Weisheiten zu bieten, unter anderem die Erkenntnis: »Sein Unglück und sein Glücke/ist ihm ein jeder selbst. Schau alle Sachen an:/dies alles ist in dir.«

*Vom Winde verweht* endet mit den weisen Worten: »Schließlich, morgen ist auch ein Tag.«

Was hat der Handtuch-Tag am 25. Mai mit Literatur zu tun? Nun, wie jeder weiß, wird in Douglas Adams' *Per Anhalter durch die Galaxis* ein Handtuch als »so ziemlich das Nützlichste« bezeichnet, was man auf so einer Reise mitnehmen kann. Entsprechend wird am Handtuch-Tag an Douglas Adams gedacht. Ach ja: Danke für den Fisch!

# Weiterlesen!

Dir ist es sicher aufgefallen: An manchen Stellen in diesem Buch habe ich ein bisschen geschummelt. Denn wenn man Wörter wie »mutmaßlich« »angeblich« und »vermutlich« in einen Satz hineinschmuggelt, dann ist er streng genommen kein Fakt mehr, sondern eher ein Gerücht. Natürlich hätte ich mich gerne auf die harten Fakten beschränkt, wie sie mir wissenschaftliche Werke wie die *Deutsche Literaturgeschichte* des J. B. Metzler-Verlags, *Grundzüge der Literaturwissenschaft* von dtv, das *Reallexikon der deutschen Literaturwissenschaft*, *Reclams Sachlexikon des Buches*, das *Metzler Literatur Lexikon* oder auch die Homepage des Börsenvereins des deutschen Buchhandels vermittelt haben. Vielen Dank an dieser Stelle dafür!

Aber den Klatsch und Tratsch der Literaturgeschichte, also die richtig unterhaltsamen Sachen und Funfacts, findet man eben nicht in der Fachliteratur, sondern an anderer Stelle, etwa in Onlineartikeln von *FAZ, Deutschlandfunk, Spiegel, Die Welt* und vielen mehr, und, zugegeben, auch auf Wikipedia. Ein noch größerer Dank dafür!

Ich habe versucht, die Informationen, auf die ich dort gestoßen bin, mithilfe anderer Quellen zu überprüfen. Doch wenn mir das nicht gelang oder etwas doch sehr hanebüchen vorkam, griff ich auf jene drei Wörtchen – »mutmaßlich«, »angeblich« und »vermutlich« – zurück, um dir kein spannendes Anekdötchen vorzuenthalten.

Ich hoffe, ich war damit erfolgreich und du hattest deinen Spaß. Und im besten Fall hast du dir, während du dich durch dieses Buch gewühlt hast, eine ellenlange Leseliste angelegt, die dir Lektürefreuden bis mindestens zum übernächsten Frühjahr garantieren wird. Denn gibt es etwas Schlimmeres als die Angst, die sich einstellt, wenn ein Buch endet und kein anderes, vielversprechendes bereitliegt?

Ich wünsche dir viel Spaß beim Weiterlesen!
Carina Heer

# Die Autorin

Dr. Carina Heer hat Literaturgeschichte, Buchwissenschaft und Psychologie in Erlangen studiert und über die Wiener Moderne promoviert.

Nach verschiedenen Stationen als Sachbuchlektorin beschloss sie 2014, nur noch selbst zu schreiben. Seitdem hat sie bei verschiedenen Verlagen zahlreiche Bücher veröffentlicht. Sie lebt und arbeitet heute in der Nähe von Bamberg.

Carina Heer hat kein Lieblingsbuch, aber sehr viele Lieblingsbücher, die sie übrigens alle in diesem Buch untergebracht hat. Im Zuge der Arbeit am nützlichen Wissen ist sie auf *Das Orakel vom Berge* des amerikanischen Schriftstellers Philip K. Dick aus dem Jahr 1962 gestoßen. Sie ist gespannt, wie das wohl so ist …